Impressum:

Bibliografische Informationen der Deutschen Bibliothek

Die Deutsche Bibliothek verzeichnet diese Publikation in der
Deutschen Nationalbibliografie. Detaillierte bibliografische
Daten sind im Internet über http:dnb.dnb.de abrufbar.

© 2021 by Neufeld & Siala

Herausgeber: Reimund Neufeld & Emel Siala
im Auftrag der öAG Arbeit und Leben (DGB/VHS) Gelsenkirchen

Cover Illustration: Haya Fachfach
Layout, Satz & Umschlaggestaltung: Julia Schönstädt

Lektorat: Reimund Neufeld, Emel Siala, Cornelia Bays
Übersetzung: Emel Siala

Herstellung und Verlag: BoD – Books on Demand, Norderstedt
ISBN: 9783754337325

Reimund Neufeld und Emel Siala (Hrsg.)
im Auftrag der öAG Arbeit und Leben (DGB/VHS) Gelsenkirchen

Die ersten Jahre in Deutschland

Junge Geflüchtete schreiben

Für alle Geflüchteten dieser Welt

Grußwort

Liebe Leserinnen und Leser,

mit Freude präsentiere ich Ihnen die Veröffentlichung des Buches „Die ersten Jahre in Deutschland. Junge Geflüchtete schreiben". Es ist in einem Kurs an der Volkshochschule Gelsenkirchen in Zusammenarbeit mit der örtlichen Arbeitsgemeinschaft Arbeit und Leben in gemeinsamer Trägerschaft mit dem DGB entstanden. Dieses Buch ist bereits das zweite der Gruppe. Es basiert auf einem talentCAMPus, der in den Sommerferien 2016 stattgefunden hat. Seitdem treffen sich die jungen Menschen regelmäßig an der vhs Gelsenkirchen, zuletzt - Corona-bedingt - online. Sie reden, diskutieren und schreiben über ihre oftmals beschwerliche Flucht aus einem Bürgerkriegsland – meistens Syrien – nach Europa und ihr Ankommen in Gelsenkirchen. Sie schreiben voller Sehnsucht über ihr Leben in der immer noch umkämpften alten Heimat, haben sie doch Freundinnen und Freunde, oftmals auch Vater und Mutter zurückgelassen.

Inzwischen sind die meisten fünf bis sechs Jahre im Ruhrgebiet und haben die Schule abgeschlossen. Sie machen ihr Abitur, studieren oder befinden sich in der Ausbildung. Sie berichten davon, wie sie ihren Alltag in Deutschland meistern. Sie haben Freundinnen und Freunde gefunden, feiern zusammen Geburtstag oder Weihnachten. „Manchmal fühlt es sich wie zu Hause an", so der Titel eines Textbeitrages.

Gleichzeitig berichten sie aber auch von den Grenzen, die ihnen in Deutschland gesetzt werden. Vom Rassismus, der ihnen mehr oder weniger offen entgegenschlägt. Sie stellen fest, dass ihre Bewerbungen trotz guter Noten keinen Erfolg haben, da sie den verkehrten Namen tragen und fragen sich, wann es endlich den ersten türkisch-arabischen Peter oder die türkisch-arabische Petra gibt. Mit dem Thema Integration setzen sie sich kritisch auseinander und bemerken, dass viele Migrantinnen und Migranten arbeiten und Steuern bezahlen, sich aber trotzdem nicht zur deutschen Gesellschaft zugehörig fühlen.

Die Texte in diesem Buch geben einen guten Einblick in die Gefühls- und Lebenslage der jungen Geflüchteten und laden zum Nachfragen und Diskutieren ein. Ich kann Sie, liebe Leserinnen und Leser, nur ermutigen: Nehmen Sie die Chance wahr, mit diesen Jugendlichen in Kontakt zu kommen. Sie sind ein positives Beispiel dafür, dass es eine gemeinsame Zukunft in Gelsenkirchen geben kann. Dabei helfen beiden Seiten die Neugierde aufeinander, das Interesse an dem Anderen und der Mut, aufeinander zuzugehen.

Ich danke allen herzlich, die an dem Projekt beteiligt waren: Zuvorderst den jungen Geflüchteten für ihre Bereitschaft, ihre Erlebnisse mitzuteilen. Für ihr Durchhaltevermögen über die letzten Semester bis zur Fertigstellung des Buches. Mein Dank gilt auch den beiden Dozenten, Emel Siala und Reimund Neufeld, für ihr herausragendes Engagement.

Dem Buch wünsche ich viele Leserinnen und Leser und viele fruchtbare Diskussionen. Für ein gemeinsames Miteinander in Gelsenkirchen.

Stadträtin Anne Heselhaus
Vorstand Kultur, Bildung, Jugend, Sport und Integration der Stadt Gelsenkirchen

Vorwort

Schreiben wirkt

Dieses Buch ist Teil eines Projektes. Dieses Projekt soll einen Dialog in Gang setzen – zwischen geflüchteten Menschen und Menschen, die hier in Deutschland leben und aufgewachsen sind. Es soll ein Beitrag sein für mehr zwischenmenschliches Verständnis und Toleranz. Das ist so leicht gesagt. Und gut gemeint.

Jeder lebt sein Leben, hat darin seine Freuden, seine Ziele, seine Hoffnungen, aber auch seine Sorgen und Nöte. Jeder lebt im Rahmen seiner sozialen Kontakte. Neben Familie, Freunden, Bekannten und Arbeitskollegen gibt es auch immer wieder neue Kontakte. Zufällige und selbst gesuchte. Wie kommt man dazu, auf die Schicksale von Geflüchteten aufmerksam zu werden? Oder gar daran interessiert zu werden? Den Kontakt mit den jungen geflüchteten Syrern, deren Texte hier im Buch stehen, habe ich selbst gesucht, weil mich die Schicksale, insbesondere die von minderjährig geflüchteten Jugendlichen, interessiert und berührt haben. Ich bin sehr dankbar dafür, dass ich sie kennenlernen durfte. Ich habe von ihnen viel erfahren und viel gelernt.

Nur wenige Monate nach der großen Fluchtwelle im Herbst 2015, bei der viele der geflüchteten Menschen auch in Deutschland angekommen waren, hat unser Projekt begonnen. In Kooperation mit der Volkshochschule Gelsenkirchen und dem Team Jugendförderung des Jugendamtes der Stadt Gelsenkirchen wurde ein Förderprogramm für minderjährige geflüchtete Jugendliche installiert. Aus einem anfänglichen, größer angelegten Theaterprojekt, ging auch eine Schreibwerkstatt hervor, die Emel Siala und ich ab dem Frühjahr 2016 leiten durften. Daraus ist ein erstes Buch entstanden, das im Jahr 2018 auf den Markt kam: „Versuche Unaussprechliches zu sagen – Zwischen Flucht & Ankommen – Jugendliche schreiben über ihre Erlebnisse". Dieses Buch, mit eindrucksvollen Fotos und Interviews, bildete die Grundlage unseres Projektes. Die vielen Veranstaltungen dazu, die wir im Rahmen von Lesungen mit Podiumsdiskussionen in vielen Städten Deutschlands – bis hin nach Berlin – unternommen haben, bewirkten viel Aufmerksamkeit und positive Resonanz.

In unserem ersten Buch standen die Flüchtlingsgeschichten ganz im Vordergrund, zusammen mit Beschreibungen über die Eindrücke, die die geflüchteten Jugendlichen in der ersten Zeit ihres Ankommens in Deutschland gemacht haben. In diesem, unserem zweiten Buch, geht es vornehmlich darum, wie es den jungen Geflüchteten seither ergangen ist. Fühlen sie sich gut aufgenommen in Deutschland? Inwieweit konnten

Hoffnungen, Wünsche und Ziele erfüllt werden? Wie sehen ihre sozialen Kontakte aus? Und wo stehen sie in Bezug auf Schule, Ausbildung und Beruf?

Vor allem aber – und das ist der Hauptzweck ihres Schreibens – geht es ihnen darum, sich mitzuteilen. Das, was diese jungen geflüchteten Menschen erlebt haben, die im Jahr 2015 noch minderjährig waren, will verarbeitet werden. Die jungen Autorinnen und Autoren dieses Buches haben sich dafür entschieden, sich durch Schreiben ein Stück weit von ihren jeweiligen Traumata zu befreien. Ihr Mitteilungsbedürfnis richtet sich dabei sowohl an die Öffentlichkeit, an die Gesellschaft – als auch an sich selbst. An die Gesellschaft, weil sie sagen wollen, wie es ihnen geht, weil sie sagen wollen, was sie sich wünschen und was ihre Bedürfnisse sind. Und weil sie was zu sagen haben. Schreiben an sich selbst – kann eine Art Selbstbegegnung sein, im Zusammenhang mit ihren dramatischen Erlebnissen. Was sowohl befreiend wirken, als auch Bedrängendes, tief Verborgenes hervorholen kann, um es in Worte zu fassen. Begreifbar zu machen. So sind die Wirkungen des Schreibens der Autorinnen und Autoren auf sich selbst enorm: hier können ihre Gefühle sukzessive sichtbar werden, und Ohnmacht, Sehnsucht, Trauer Wut und Hass, aber auch neue Hoffnungsgefühle und Freude für jetzt und die Zukunft, sind dadurch auch aus anderen Blickwinkeln möglich. Fragen und Gedanken, die sich um Verantwortung drehen, schlechtes Gewissen, oder gar um Schuld gegenüber ihren Angehörigen, die im Heimatland zurückgeblieben sind – Fragen, die durchaus auch aufkommen – können sich beim Schreiben in sachlicher Form entfalten, und es kann hilfreich sein, auf eine solche Art Unklares aufzuhellen. Insbesondere aber können die Autorinnen und Autoren ihre Erfahrungen auch für andere nutzbar machen. Dabei bringen uns die authentischen Texte in eine ungewohnte Nähe mit den Schreibenden: Es entsteht eine andere Form des Lesens, da es sich nicht um fiktive Geschichten handelt. Denn alle Texte haben autobiographischen Charakter. Aber selten sind die Texte als ein sachlicher 1:1-Erlebnisbericht verfasst. Und hier muss ein weiterer, ganz besonderer Aspekt hervorgehoben werden – ein Aspekt, der schon in unserem Vorgängerbuch eine Rolle spielte: Die jungen Autorinnen und Autoren schreiben fast alle in einer sehr poetischen Prosa. Das ist erstaunlich, bei diesen real erlebten, authentischen Inhalten, die beschrieben werden. Es mag vieles mit orientalischer Erzähltradition zu tun haben, die ja bekanntlich viel Poesie in sich trägt, aber ich war immer wieder beeindruckt von den Begabungen und Talenten, so zu schreiben, wie sie schreiben! Will heißen, die Qualität der Texte dieser jungen Leute hat mich freudig überrascht. Was weiter heißen will, dass dieses Buch auch ein gutes Stück „Echter Literatur" darstellt – und wer ein Faible für besondere Literatur hat, der ist hier goldrichtig.

Dieses Buch ist aber nicht in erster Linie für literarisch Interessierte gedacht, sondern mehr noch für Menschen, die an sozialer Problematik und deren Lösungsansätzen interessiert sind – für solche, die in sozialen Berufen tätig sind, für Sozialarbeiter, Lehrer,

Psychologen und Therapeuten, sowie für Pfarrer und Politiker.

Noch eins. Ich habe es zu Anfang schon kurz erwähnt: Fester Bestandteil unseres Gesamtprojektes ist die Fokussierung auf einen konstruktiven Dialog, den wir herstellen wollen zwischen Geflüchteten und den übrigen Menschen unserer Gesellschaft. Dieses Vorhaben greift insbesondere bei unseren Veranstaltungen, bei unseren Lesungen und Podiumsdiskussionen. Wer immer uns dabei unterstützt – in welcher Form auch immer – erhält unseren ganz besonderen Dank. Denn diese Veranstaltungen sollen intensiviert und weiter ausgebaut werden.

Mein herzlicher Dank geht an dieser Stelle – auch im Namen meiner Kollegin Emel Siala – an die VHS-Gelsenkirchen, namentlich an die Programmbereichsleiterin Gesellschaft & Politik, Brigitte Schneider, die dieses Buch mit ermöglicht hat – für ihre freundliche Unterstützung in allen Belangen unseres Projektes. Unser größter Dank gilt jedoch den jungen Autorinnen und Autorinnen für ihren Mut und ihre Offenheit und ihr gesamtes Engagement! Danke!

Reimund Neufeld
Frühjahr 2021

Cover-Illustration
Ein Gesicht und 100 Geschichten

Ein Gesicht und 100 Geschichten.
Das ist der Name meiner Illustration.

Jede Teilnehmerin und jeder Teilnehmer dieses Schreibprojekts bzw. jede Schriftstellerin und jeder Schriftsteller dieses Buches hat hunderte Geschichten hinter sich und drückt seine Erlebnisse und Gefühle anders aus.

Jede Person ist auf ihre Art und Weise besonders und genau diese Vielfältigkeit ist das, was unser Buch auszeichnet: Verschiedene Themen, verschiedene Persönlichkeiten mit verschiedenen Perspektiven dargelegt in unterschiedlichen Textformen.

Eine Person sieht die Sonne als einen normalen Stern, eine andere als Göttin des Himmels und wiederum beschreibt eine andere Person die Sonne als neue und letzte Hoffnung auf dieser Welt.

Ich bin Haya, eine Teilnehmerin an dieser Schreibwerkstatt und gleichzeitig begeistert von Kunst.

Haya Fachfach

Inhaltsverzeichnis

Fragen

Ahmad A.

Vielleicht in Zehn... Vielleicht auch mehr

In der Stille saß er einsam und allein. Er fühlte sich schwach und seine Gedanken waren unklar.

Er dachte an seine Kindheit, an seine Jugend. Als Glück oder Unheil, Liebe oder Angst ihn noch ganz hatten erfüllen können, wenn die Zeit stillzustehen schien und es keinen Ausweg oder kein Zurück mehr gab.

Er dachte an seine Kindheit und ihre vielen Umzüge, die sie erlebt und mitgemacht hatte. Die Kindheitserinnerungen waren nicht an einem bestimmten Ort gebunden. Seine Jugend hatte oft gesagt, sie könne sich überall zuhause fühlen. Er wusste es nicht, er fragte sich, ob das ein Mangel wäre oder eine Stärke. Vielleicht wäre es einfacher keine Wurzeln zu haben. Es war, als wenn man die Asche von Verstorbenen in die Luft verstreute. Dann war sie überall und nirgends und es war vorbei.

Seine Kindheit war wie seine Eltern: In dem Ort begraben, in dem er aufgewachsen war. Wenn er vor dem Grab stand, war da nicht mehr als ein Stein mit Namen und Lebensdaten. Seine Erinnerungen waren nicht lebendiger hier als anderswo. Nur das Gefühl des Verlustes war größer. Vielleicht hätte er nicht zurückkommen sollen, oder er hätte für immer hierbleiben sollen: Im Elend wie sein Bruder.

Wajd

Wenn Du die Sonne bist

Wenn du die Sonne bist, ist es schwierig jemanden zu finden, der dich kontinuierlich liebt.

Einige Menschen beten in der Nacht, damit du zu ihnen an einem harten Wintermorgen kommst

und einige von ihnen laufen von dir weg, schließen die Fenster ihres Hauses und sitzen in der Nähe des Kühlschranks. Vielleicht hassen sie dich.

Wenn sie aber eine Sonne sind, setzen sie Ihre Strahlen auf, wo und wann immer sie wollen.

Sie werden niemanden finden, der über Ihre Strahlen schwingt und lacht. Sie werden niemanden finden, der nur lachen will, sondern sie finden Menschen, die aus ihren Strahlen Brücken machen, wo sie sich kreuzen und auf die sie gehen.

Und wenn eine große Wolke diese Sonne bedeckt, werden ihre Anschuldigungen auf sie übertragen ...und ihre Unterhaltung wird über den dicken Wolken sein.

Wenn du eine Wolke, die nur eine Verdunklung ist, bist, so bist du nichts.

Glaube mir, nichts... Nur eine Verdunklung, die sie mögen, weil sie das Licht blockiert.

Wer unter uns, in unserer Zeit, hasst es, das Licht zu sehen...?!

Wie viele von uns sehen es und ignorieren es trotzdem.

Und wenn diese Wolke regnet, rauschen die Begriffe der Güte...

Es ist eine gute Wolke für uns, denn es ist eine Wolke des Regens und der Barmherzigkeit...

nachdem Monate vergangen sind, in denen keiner von uns gebadet hat.

Ausnahmslos liebt sie dann jeder, denn sie gibt und erhält keinen Lohn dafür.

So lieben wir, die großzügigen Wohlwollenden. Wir nennen sie auch Narren.

Wenn es zu lange regnet, kommt es zu einer Überschwemmung. Der Boden wird weggespült, die Hütten werden zerstört und was noch nicht zerstört ist, wird zerstört werden. Dann verabscheuen wir sie und beten zu Gott, dass er sich unser erbarmen soll.

Wenn du das Wohl und das Böse bist, werden sie nur von dir das Böse sehen.

Und wenn du ein Mond bist... dann lieben sie dich nur nachts...

Aber wenn du ein Stern bist, brauchst du einen sehr dunklen Himmel, um darin leuchten zu können.

Und wenn, und wenn ...

Sei die Sonne und lebe mit der Wolke, dem Regen, dem Mond und den Sternen...

Weil sie genauso sind wie du.

Und der Rest von ihnen lässt sich von ihnen in diesem Naturkurs beobachten.

Wajd

Wenn Du die Sonne bist

عندما تكون شمسا من الصعب أن تجد من يحبك باستمرار
منهم من يصلى ليلته لتأتيه فى صباح شتوى قاس ومنهم من يهرب منك ويغلق نوافذ بيته ويجلس
قرب الثلاجة ربما كرها ومقتا لك

عندما تكون شمسا تفرض أشعتك اينما ومتى تشاء لن تجد من يتأرجح على اشعتك هذه ويضحك
لن تجد من يضحك ان يضحك فق لا غير بل تجدهم يصنعون منها جسورا يعبرون وينصرفون
وحين تأتى سحابة كبيرة لتغطى هذه الشمس تنتقل ادعاءاتهم اليها ويصبح حديثهم تلك الغيوم
الكثيفة

عندما تكون سحابة ساترة فقط فانت لاشىء
صدقنى لاشىءسوى غطاء يحبونه لانه يحجب الضوء
ومن منا فى وقتنا هذا يكره ان يرى الضوء وكم منا يرونه ويتجاهلون
وحين تمطر هذه السحابة تتهافت عبارات الخير سحابة خير علينا ومطر ورحمة بعد مرور اشهر لم
يستحم فيها احد منا
وحينها الجميع بلا استثناء يحبها فهى تعطى ولا تأخذ اجرا وهكذا نحن نعشق الخيرين الكرماء
ونسميهم حمقى ايضا
وماإن كثر المطر وبدات السيول وانجرفت التربة وهدمت الاكواخ وتخرب ماتخرب نمقتها وندعو الله
أن يرحمنا

فعندما تكون خير وشر لن يروو منك سوى شرك
وعندما تكون قمرا فهم يحبونك بالليل فقط واما عندما تكون نجمة فأنت بحاجة لسماء شديدة
الظلمة حتى تلمع فيها
وعندما وعندما
فكن شمسا ولتحيا مع السحابة والمطر والقمر والنجوم فهم مثلك
وماتبقى دعهم يشاهدونكم فى دورة الطبيعة هذه

Gihad

Wann wird es den ersten türkisch-arabischen Peter geben?

Der Name. Das ist das erste Geschenk, das wir von unseren Eltern bekommen.
Darüber wird lange nachgedacht, diskutiert, recherchiert und manchmal auch gestritten.
In vielen Kulturen haben die Namen eine Bedeutung, die tief mit der Sprache verwurzelt ist.
Namen haben auch weitere, teils geheime Funktionen. Und zwar solche, die der Identität dienen oder die Zusammengehörigkeit von Menschen definieren.
In einer Gesellschaft, wo viele Menschen unterschiedlicher Herkunft zusammenleben, sind Namen von besonderer Bedeutung. Denn dort ist der Name für viele ein wichtiger Teil ihrer Identität.
Türkisch- und arabischstämmige Eltern, die in Deutschland oder einem anderen europäischen Land aufwachsen, wollen ihrem Kind von Anfang an seine Identität, seine Religion und seine Herkunft herausstellen. Dabei lässt sich ein Unterschied zu den Türken und Arabern, die in ihren Heimatländern leben, aufzeigen. Denn die in ihren Heimatländern lebenden Türken und Araber machen sich nicht so intensive Gedanken bei der Suche nach einem Kindesnamen. Sie interessieren sich mehr für die Bedeutung des Namens als für seine Herkunft, oder in welchem Zusammenhang er mit der Religion steht.
Es liegt wohl daran, dass viele Eltern emotional hin und her gerissen sind, zwischen dem Nahen Osten und Deutschland, zwischen Westen und Osten, zwischen den beiden Kulturen, den verschiedenen Religionen und den verschiedenen Identitäten.
Sie fühlen sich wie im Kampf um die eigene Identität. Dabei spielen die Religion, türkisch-arabische Normen und Werte, und mächtige Unterschiede zwischen dem Nahen Osten und dem Westen eine große Rolle. Oh du meine Güte, das sind zwei verschiedene Welten.
Meiner Beobachtung nach haben viele Menschen keine klare kulturelle Identität, kein

klares Identitätsbild, auch wenn sie das Gegenteil behaupten. Denn sie leben in einer Gesellschaft, die einen Platz zwischen der deutschen und der türkisch-arabischen Gesellschaft geschaffen hat.

Also man ist weder deutsch, noch türkisch oder arabisch. Wieso ist das so? Was ist man in diesem Fall?

Das ist eine Frage, die für mich immer offenbleibt, aber ich will sie aus meiner Sicht beantworten.

Arabisch- und türkischstämmige Eltern, die in Deutschland leben, fühlen sich nicht zur deutschen Gesellschaft zugehörig, obwohl die meisten von ihnen arbeiten gehen und Steuern zahlen. Also einen Beitrag leisten für die Gesellschaft, in der sie leben. Liegt es nicht auch an dem klischeebehafteten Verständnis von „Deutsch-sein" und dem, was unter „Deutsch-sein" verstanden wird? Was unter „Deutsch-sein" vor 100 Jahren verstanden wurde, hat sich längst geändert. Nicht jeder Deutsche ist blond. Viele von ihnen mögen kein Bier, essen kein Schweinefleisch und es gibt sogar die ersten deutschen Muslime. Was für eine Welt!

Die türkisch-arabischstämmigen Menschen haben Angst zu verlieren, was die Urgroßeltern an Normen und Werten ihren Kindern mitgegeben haben. Obwohl sie all das bereits verloren haben. Denn diese Normen und Werte sind auch mittlerweile für die arabischen Länder und die Türkei veraltet. Auch fühlen sich viele hier immer noch nicht zu Hause und nicht genug akzeptiert.

Für ein „Zu Hause-fühlen" fehlt ihnen die Chancengleichheit, faire Bezahlung, Fairness bei der Suche nach Jobs und angemessene Anerkennung.

Viele von ihnen erhalten nicht die Bezahlung, die Deutsche für denselben Job bekommen.

Auf der Suche nach einem Job in Deutschland erleben viele Diskriminierung und bei der Suche nach einer Wohnung ebenso, und das kann ich selbst bestätigen. Zudem sind viele von ihnen rassistischen Angriffen ausgesetzt. Wie sollen sie sich bei all diesen Niederlagen und schlechten Bedingungen zuhause fühlen? Aber einen mutigen Schritt müssen wir alle aufeinander zu machen, um die Lage zu ändern.

Die deutsch-türkisch-arabische Identität, das ist Multikulti. Denn man wächst zweisprachig in zwei unterschiedlichen Kulturen auf. In unserer globalisierten Welt ist es sehr schwierig, von anderen Kulturen nicht beeinflusst zu werden.

Liegt es vielleicht auch daran, dass südeuropäische Kulturen für interessant und gut erklärt werden, türkisch-arabische jedoch weniger? Obwohl sie sich so verdammt ähnlich.

Gehen wir aber nochmal auf die Namensgebungen zurück.

Kann man eigentlich einen falschen Namen haben?

Für viele erscheint die Antwort ein klares „Nein".

In meinem Fall ist es ein „Ja"!

Ich heiße Gihad und das ist ein eher unbeliebter Name in Deutschland.

Ihn missdeutet man als „Der Heilige-Krieg", wobei er eigentlich „Das Streben nach etwas Höherem" bedeutet.

Den Kindern von türkisch-arabischen Eltern gibt man immer noch einen türkischen oder arabischen Namen, obwohl viele von ihnen schon seit Jahrzehnten in Deutschland leben.

Ist das so, weil man sich nicht integrieren möchte? Oder ist man stolz auf die Herkunft der Eltern oder der Urgroßeltern, um sich was Neues anzueignen und ein neues Identitätsbild zu bilden? Das würden wohl viele Deutsche sagen.

Jedoch liegt der Grund meistens darin, dass sie sich nicht dazugehörig fühlen.

Müssen Eltern mit Migrationshintergrund ihren Kindern deutsche Namen geben, um sich angepasst und integriert zu zeigen? Wohingegen deutsche Eltern ihren Kindern französische, englische, skandinavische, amerikanische, russische, oder auch jüdische Namen geben. Aber bloß keine Namen aus dem Nahen Osten. Warum ist das so? Oder kennt ihr einen deutschen Mohammed?

Ich würde sagen, nein, türkisch-arabischstämmige Eltern müssen ihren Kindern keine deutschen Namen geben, denn wir leben in einer Demokratie, die jedem Menschen das Recht auf Religionsfreiheit garantiert und das Recht sich frei zu entfalten.

Ich finde, türkisch-arabischstämmige Migranten werden meist schlechter angesehen als europäische Migranten. Z.B. Italiener, sie kommen nach Deutschland, reden in ihrer eigenen Sprache in der Öffentlichkeit und werden dafür bewundert. Deutsche Mädchen stehen vor Italienern und schwärmen vor sich hin. Ja, sie erstaunen geradezu, wie temperamentvoll Italienisch ist. Wobei Arabisch oder Türkisch – hört sich meiner Meinung nach ebenso temperamentvoll an. Jedoch wird darauf eher abweisend reagiert. Und unser temperamentvolles Türkisch oder Arabisch wird eher mit Aggressivität gleichgesetzt. Zudem finde ich: Deutsch ist nicht gerade eine sanfte, melodievolle Sprache.

Würde ich in der Öffentlichkeit in meiner Sprache, Arabisch reden, würde ich sofort als unintegriert bezeichnet.

Das finde ich unfair!

Und nicht nur das, sondern im Fernsehen werden arabisch-türkische Darsteller oft als Machos oder ungebildete Männer dargestellt. Ich nehme das als ein Zeichen wahr, dass Muslime nicht so toleriert werden, wie es sich gehört. Die Gegenseite aber würde vielleicht sagen, man sollte es mit Humor nehmen.

Heißt Integration, dass man seine Kultur, seine Identität und seine Religion aufgeben soll und sich all das neu aneignen soll?

Nein, das ist keine Integration. Das wäre eine Zwangsisolation.

Integration wird meiner Meinung nach oft missverstanden, denn Integration ist laut Duden, dass die Verbindung einer Vielheit von einzelnen Personen, oder Gesellschaftsgruppen zu einer gesellschaftlichen und kulturellen Einheit gemacht wird. Das hört sich für mich so an, dass beide Seiten sich aneinander anpassen sollten.

Eine Frage beschäftigt mich seit meiner Ankunft in Deutschland:

Was trennt uns eigentlich? Deutschland, warum ist diese Mauer zwischen uns? Wer hat sie gebaut?

Ist das die Hautfarbe? Die Religion? Die Kultur? Die Angst vor Unbekanntem? Oder einfach unsere Unwissenheit und Sturheit?

Warum streiten wir uns seit Jahrhunderten um Gott? Jeder will dem anderen beweisen, dass seiner der Wahre ist?

Unsere heiligen Bücher ähneln sich so sehr, jedoch suchen wir die kleinsten Unterschiede und streiten uns weiter.

Um die Frage mir selbst zu beantworten, habe ich angefangen, unsere Religionen zu vergleichen. Da kam ich nicht so weit. Denn alle kamen aus dem arabischen Nahen Osten, Palästina.

Dann habe ich mir die Hautfarbe vorgenommen. Da bin ich zum Entschluss gekommen, dass die Gene dafür verantwortlich sind.

Kalt- und warmherzig gibt es nicht, finde ich. Wir alle haben Emotionen und äußern sie auf unsere Art und Weise. Sonst wären wir keine Menschen. Um dies zu bestätigen, habe ich das Verhalten meiner deutschen Freunde analysiert und musste mir eingestehen, dass sie alle warmherzig sind.

Ich suche seit vier Jahren nach einer Antwort, aber ich habe immer noch keine gefunden.

Die Menschen unserer Gesellschaft warten darauf, dass muslimische Einwanderer sich vollständig an Deutschland anpassen: Auftritt, Kultur, Identität, Sprache, Haltung, Lebensansichten und Lebensziele. Und dennoch würden noch so manche sagen, nein, sie gehören nicht dazu!

Ich frage mich manchmal, wird man nie dazu gehören dürfen, egal was man tut und leistet?

Also warten wir alle ab? Ohne etwas zu tun? Wir erwarten den ersten türkisch-arabischen Peter und die erste arabisch-türkische Petra, aber wir sind nicht bereit etwas dafür zu tun.

Ist die Gegenseite nicht berechtigt zu fragen, wann wird es den ersten deutschen Mohammad geben?

Wann werden Muslime am Opferfest und Zuckerfest frei haben und mit der Familie feiern dürfen?

Wann ist es so weit, dass Deutschland Frauen mit Kopftüchern den Einstieg in die Karriere ohne jegliche Bedenken ermöglicht?

Wann wird es den muslimischen Schülern ermöglicht, am Freitagsgebet teilnehmen zu dürfen? Eine große Frage, die man einfach so in den Raum wirft. Die Antworten darauf, sollten das Fenster der Zukunft sein.

Viele haben Angst davor, dass Lehrerinnen mit Kopftuch ihre Kinder negativ beeinflussen könnten. Aber vergessen sie dabei, dass Frauen mit Piercings, mit pinken, oder blauen Haaren, oder mit großflächig tätowierten Körpern, die Kinder beeinflussen können? Was für eine Welt, Deutschland!

Yussra

Die Sonne

Falls morgen der Weltuntergang kommt, werde ich mein schwarzes Auto volltanken und dich abholen. Ich werde wie verrückt fahren, ohne Ziel, ohne zu bremsen, ohne Schilder zu beachten – ohne Ampeln und ohne Achtung! Du weißt doch, ich wollte nie aufpassen. Ich wollte meine unbegrenzte Freiheit haben. Und wenn wir aus meinem Auto aussteigen, werde ich barfuß laufen und Kippen klauen. Ich will bis zum letzten Moment glücklich bleiben.

Ich will die Sonne werden.

Und wenn wir an einem Kino vorbei laufen, lass ich dich nicht rein gehen! ICH will dein dramatisches Kino sein und dir die ganze letzte Geschichte erzählen, denn morgen gibt es keine Geschichten mehr. Es gibt keine Filme mehr.

Es gibt nur noch mich als die nächste Sonne.

Meine Geschichte ist auch deine, seine, ihre Geschichte. Unsere Geschichte.

Wir alle haben zuletzt viele Gefühle gespeichert und sind auf einmal sehr lieb und barmherzig geworden, genau wie die Sonne. Wir strahlen, um die andern warm zu halten.

Manche von uns singen zwischen den Gebäuden, und die andern beten und machen ihr Zölibat! Wir schicken nur noch gute Nachrichten: „Ich liebe dich!", „Pass auf dich auf!", „Bleib gesund!"

Hat der Mensch seinen Hass vergessen? Oder haben die Menschen nur Angst, weil sie bald nicht mehr auf dieser Erde leben werden?

Meine Mutter hat mir gestern gesagt, dass sie noch nie so einen schönen blauen Himmel gesehen hat. Und mein Vater meinte, er hat zum ersten Mal, seitdem er aus dem Krieg wieder heim kam, ein Vogelgezwitscher gehört. Was ist anders? Sind wir jetzt die Sonne? Was ist anders? Denn Politik hat viel mehr Leute getötet als dieses Virus, und es gab schon immer Kinder, die in keine Quarantäne können, weil sie nicht mal ein Dach über dem Kopf haben.

Vielleicht können wir doch nie die Sonne werden? Haben wir nur Angst zu sterben, ohne etwas Gutes gemacht zu haben? Haben wir Angst, weil dieses Virus uns alle trifft? Genau wie ein Weltuntergang?

Und falls doch morgen ein Virus kommt um uns alle zu töten, werde ich mein schwarzes Auto volltanken und dich abholen!

Ahmad M.

Brief

Mein lieber Freund,

erstmal liebe Grüße. Wie geht es Dir? Wie geht es unserer Straße? Unserer Nachbarschaft? Nach all den Jahren frage ich mich, ob alles beim Alten ist. Lebt der, den wir "Mokka Mokka" genannt haben, noch im selben Haus?

Nach mehr als zehn Jahren erinnere ich mich, wie wir unter seinem Fenster Fußball gespielt haben und wie der Ball in den Himmel flog und anschließend durch sein Fenster schlug. Damals war unsere größte Sorge, dass er den Ball nicht mit einem Küchenmesser zerschneidet und ihn dann an uns zurück gibt. Aber wir waren wirklich wie Affen, die überall klettern. Wir waren eine Bande, die sich in einer Nacht im Monat Ramadan traf, um zu planen, wie wir uns an unserem Nachbarn rächen können. Wir klingelten an seiner Haustür und rannten weg und verteilten uns in den engen Gassen. Leider hat er einen unserer Freunde geschnappt und ihn heftig geschlagen. Unser Lachen umarmte den Himmel, unsere größte Sorge war es, eine gute Note in den Prüfungen zu erzielen, oder Geld zu sparen, um ein neues Spiel zu kaufen. Außer mir wollten alle ein Fahrrad kaufen. Ich gab mein Geld für Bücher, Geschichten und Zeitschriften aus.

Jetzt, mein Freund, haben wir Probleme mit unserer eigenen Situation und dem Zustand unseres Landes. Wir sind zerstreut und geteilt, wir sind zerstreut zwischen den Ländern. Wir sind verstreut von Japan im Osten, über China und der Türkei, bis nach Europa und Kanada im Westen. Wo immer wir sind, sind wir die Fremden, die Unerwünschten. Unser Pass ist unser Fluch. Unsere Zungen und Geschichten sind erschreckend, die Leute haben Angst, danach zu fragen. Sechs Jahre versuche ich zu vergessen und nicht zu vergessen. Sich schuldig zu fühlen bringt mich um. Ich lebe jetzt ein angenehmes Leben, gehe zur Schule und später möchte ich studieren. Wir arbeiten und verdienen Geld. Ich bereite mich jetzt auf mein Abitur vor und habe an mehreren Projekten teilgenommen. Ich habe sogar mit an einem Buch geschrieben. Glaubst Du das?

Ein Buch, das unsere Geschichten und Tragödien, unsere Hoffnungen und Träume, unsere Bestrebungen und unseren Schmerz erzählt. Das Leben geht weiter und ich frage mich, wie lebst Du dort?

Es wird gesagt, dass Hoffnung die einzige verbleibende Lösung ist. Es ist das schwache Licht der Kerze, das uns am Leben hält. Wie viele Kerzen wurden bis jetzt verbrannt. Zehn Jahre hoffen und hoffen wir. Eine Generation, die unter solchen Umständen aufgewachsen ist, und wir konnten keinen Frieden bringen. Ein leicht auszusprechendes Wort, das für alle verständlich, aber schwer anzuwenden ist.

Ich möchte nicht zu weit ausschweifen, Du hast bestimmt vieles, was Dich beschäftigt. Das lange Anstehen und Warten auf Brot dort, oder das Warten auf Reis oder Zucker. Auch das Warten auf Kraftstoff und Strom. Euer Leben ist ein Ausdruck des Wartens geworden.

Wie lange werden wir und Ihr warten?

Dein Freund Ahmad

✧✧✧✧✧✧✧✧✧✧✧✧✧✧✧✧✧✧✧✧✧✧✧✧✧✧✧✧✧✧✧✧✧✧✧✧

Mein Freund Ahmad, gegrüßt seist Du.

Gelobt sei Gott, der trotz der großen Entfernungen und der unterschiedlichen Umgebung und Kulturen das Seil der Verbindung zwischen uns aufrechterhalten hat.

Mir, der Familie und den Lebenden geht es gut. Und es ist relativ gut, es mag die Hölle sein, wenn man an Knappheit und Krisen denkt. Sprache ist keine Frage der Verzweiflung, mein Freund, denn wir sind die Macher der Hoffnung. Wir leuchten auf, nachdem die Lichter ausgehen und von der Intensität der Dunkelheit verzweifelt sind.

Unsere lieben Nachbarn haben das Alter zwischen dem Verstorbenen und denen, die von den Sorgen des Lebens erschöpft waren, erstochen.

Komm zurück, damit wir gemeinsam in derselben Straße Ball spielen. Unser lieber Nachbar kann uns nicht mehr mit seinem grauen Gesicht stören und wir werden ihn nicht stören, indem wir auf sein Fenster schießen, weil wir Erfahrung mit dem Spielen gesammelt haben und geschickter im Ballschießen geworden sind.

Optimismus, mein Freund, es gibt welche, die das Banner der Affen hinter uns tragen und die Nachbarn an den Feiertagen immer noch stören, indem sie Klingelmännchen machen und wegrennen.

Ich erinnere mich, mein Freund, an Dein starkes Interesse am Lesen, das war schon immer so. Und ich wünsche es Dir für immer. Ich erinnere mich an Deine Leidenschaft für Geschichtsbücher und die Erforschung von Kulturen.

Was für eine Zeit, mein Freund! Wir sind Fremde in den Orten unserer Heimat geworden, denn obwohl wir hier auf unserem Land geblieben sind... sind wir eben doch Fremde geworden. Doch die Geschichten, die wir gelebt haben, versuchen nicht, uns zu vergessen. – Wenn man versuchen sollte mir das zu nehmen –, es wird nicht gelingen! Wie vergisst Du, wie es ist, vor Sonnenschein auszugehen, um auf ein paar Brote zu warten?

Wie vergisst Du, wie es ist, bei den Geräuschen der Raketen, versuchen zu schlafen? Versuche, all das zu vergessen, und wenn es sich weich anfühlt, führe mich...

Wirklich ein Buch mit verfasst?! Möge es ein Start in Deine Karriere in der Welt des Schreibens sein. Du wirst ein erfolgreicher Autor sein, da bin ich mir sicher! Vergiss nicht, uns zu Deinen Geschichten hinzuzufügen... Vergiss unsere einfachen Hoffnungen und Träume nicht...

Keine Sorge, es geht uns allen gut, ohne etwas Gutes! Es wird über uns gesagt, wir können uns anpassen! Sie haben Recht... Ich schreibe Dir, während wir eine Kraftstoffkrise erleben. Es kann sechs Stunden, oder sogar mehr dauern, bis man sein Auto mit Kraftstoff vollgetankt hat. Da haben wir schon härtere Tage erlebt... Du wirst niemanden finden, der sich über diese Angelegenheit wundert.

Wir warten immer noch...

Dein Freund

Sara

Meine Fragezeichen

Wird alles besser?
Oder werden wir taub?
Ist es egal?
Oder vergessen wir wie man fühlt?
Denken wir weniger?
Oder wird unser Denken leiser?
Werden Stimmen lauter?
Oder hören wir nicht mehr hin?
Schlafen wir ein?
Oder sind wir nie aufgewacht?
Ist es warm?
Oder frieren wir nicht mehr, sind wir kalt?
Wird die Nähe immer unerträglicher?
Oder sehnen wir uns nach Vertrauen?

Lebe ich den Traum?
Oder verschlafe ich die Realität und träume das Leben?
Bin ich schwarz oder bin ich weiß?
Spreche ich Lügen oder atme ich Wahrheiten?
Handelt mein Kopf oder denkt mein Herz?
Bin ich an oder aus?

Haya

Schatten

Das Namenlose, das Nichts, die Mitte manipulieren mich wieder und lassen mich die Kontrolle verlieren. Ich bin schon im Rausch. Ich schwanke zwischen Wahrheit und Illusion...

Ich schwanke an den Rändern der Hoffnung und ertrinke in Enttäuschung...

Deine Augen spiegeln sich in meinem Spiegel, in meinen Gemälden, in meinem Tagebuch und auf der geschlossenen Tür in einer der Ecken meiner rebellischen Seele. Die Wellen reißen mich aus dem Strand der Sicherheit, an dem ich mich umgeben habe. In die Tiefen des pechschwarzen Ozeans.

Einst sagte ich dir, dass ich die Dunkelheit hasse. Ich hasse den Uhrzeiger und fürchte sein Ticken.

Ich habe Angst vor Straßen ohne Vorschriften. Ich habe Angst von innen gefesselt und an dich gebunden zu sein. Ich beschuldige dich in meinen Fantasien und warte darauf, dass du meine Seele umarmst. Ich öffne meine Hände und sehe dich mir nähern, bis ich den Duft deines Schattens rieche, der mich durchdrängt, während du aus der anderen Tür hinausgehst. Nach einer Weile starrst du mich durch ein kleines Fenster an.

Ich habe vergessen dir zu sagen, dass ich den Schatten scheue.

Ali & Mohammad

Briefe

Duisburg, 18.11.2020

Hallo Mohammad,

ich bin sehr beeindruckt von Deiner Integration. Meine Frage ist dabei, was führt Dich dazu, Politiker werden zu wollen?
Hast Du Vor- und Nachteile hier in Deutschland wegen Deiner Herkunft erlebt?
Fühlst Du Dich wohl in Deutschland?

Ich würde liebend gerne mehr darüber wissen, weil es mich sehr interessiert.

Liebe Grüße
Ali

Hallo lieber Ali,

es hat mich sehr gefreut Deine Fragen zu lesen. Gerne gebe ich Antworten auf Deine Fragen.

Syrien leidet seit über neun Jahren am Krieg. Einer der Gründe, warum es in Syrien Krieg gibt, ist die Diktatur, Unterdrückung von Meinungsfreiheit und Gleichberechtigung.
Ich war selber in Syrien auf einer Demonstration. Die Demonstration wurde mit Gewalt und Schüssen gestoppt.

1. In Deutschland hingegen herrschen die Werte Demokratie, Meinungsfreiheit und Gleichberechtigung. Diese Werte bedeuten mir sehr viel. Ich weiß sie zu schätzen und fühle mich in der Verantwortung mich für die Bewahrung dieser Werte einzusetzen. Außerdem will ich zukünftig alles Mögliche machen, um meinem Beitrag in der Gesellschaft gerecht zu werden. Ich will mich gegen Rassismus, Diskriminierung einsetzen. Diese Gründe bewegen mich dazu, mich politisch zu engagieren.
2. Ja, es gibt sowohl Vorteile als auch Nachteile, lieber Ali. Einer dieser Vorteile ist die Mehrsprachigkeit. Ich kann nämlich mittlerweile sowohl Deutsch als auch Arabisch. Arabisch ist eine nützliche Sprache, auch später auf dem Arbeitsmarkt.
Die Nachteile sind leider mehr. Ich kann nämlich nicht reisen, weil ich keinen Pass habe. Ich muss mich öfters bewerben, weil ich einen ausländischen Namen habe. Ich muss mich jedes Mal rechtfertigen, wenn irgendwas Schlimmes im Namen der Flüchtlinge ausgeübt wurde.
3. Ja, ich fühle mich wohl in Deutschland, weil ich mittlerweile mich als ein Teil dieser Gesellschaft fühle. Ich leiste meinen Beitrag in der Gesellschaft und bin gut angepasst. Außerdem lebe ich in Sicherheit und in einer Demokratie.
Das Einzige, was mir fehlt, ist meine Familie, denn ich lebe, seitdem ich 15 bin, ohne meine Eltern.
Ich hoffe, dass ich diese Fragen teilweise beantworten konnte. Ich wünsche Euch viel Spaß im Unterricht. Lernt fleißig, das Wissen ist magisch. Schätzt den Luxus, den ihr hier in Deutschland habt und gebt alles, um eure Träume wahr werden zu lassen.

Liebe Grüße
Mohamad

Ahmad M.

Eine Schlacht

Letzte Woche hatte ich zu Hause auf einmal keinen Internetzugang mehr. Das war mir sehr merkwürdig. Zum ersten Mal seit fünf Jahren konnte ich nicht einen Blick auf Facebook und Instagram werfen, oder einfach Netflix gucken.

Am Anfang dachte ich, ich würde ein paar Stunden ohne Internet aushalten, ein Buch könnte ich lesen, für die Schule lernen, oder schlafen. Aber es war für mich sehr deutlich: Ohne Internet fühle ich mich verloren und habe herausgefunden, dass ich mich total verändert habe.

Ich war ein junger Mann, der stundenlang in der Warteschlange stand, um Brot zu kaufen. Zwei Wochen lang im Winter hatte ich keinen Strom, keine Kohle zum Heizen, und natürlich überhaupt kein Internet. Es war so kalt, dass mein vorheriges Ich den ganzen Tag unter zwei, drei Schlafdecken lag.

Heutzutage bin ich so sehr beschäftigt mit meinem Leben, dass ich diese Veränderung überhaupt nicht bemerkt habe. Doch dieser Tag hat mich zum Nachdenken gebracht. Was ist anders? Habe ich mich so sehr verändert, oder ist es nur die Umgebung, in der ich lebe?

Ist sich mein vorheriges Ich und mein heutiges Ich ähnlich, oder sind sie ganz verschiedene Personen?

Was ist besser: Schuldgefühle zu haben, oder ein Leben, unabhängig von meiner Vergangenheit zu führen?

Wie können wir nur zulassen, dass ein Kind nur wegen der Kälte oder dem Hunger sterben muss?

Jetzt ist es schon fast 10 Jahre her und nicht nur meine Heimat ist zerstört, sondern die Gesellschaft meiner Heimat, die Menschen und ihre Seele. Wir sind auf der ganzen Erde verteilt. Überall kannst du uns sehen. Diese einfachen Menschen versuchen ihr Leben einfach weiterzuführen, aber was ist mit den andern, die dortgeblieben sind? Ist es unsere

Schuld, dass sie so weiterleben müssen?

Man sagt, dass es sich lohnt in der Freiheit zu leben. Aber: haben wir schon aufgegeben, und mussten wir aufgeben, oder wurden wir gezwungen aufzugeben?

Seit langer Zeit suche ich eine Antwort auf diese Frage: „Ist es meine Schuld?"

Leider habe ich die Antwort bis jetzt nicht gefunden.

Es gibt zwei Möglichkeiten: entweder muss ich mit diesem Streit in mir selbst weiterleben, oder ich vergesse einfach alles. Aber ich habe mich gefragt: „Geht sowas?"

Dies war eine Szene von einem Krieg mit stillschweigenden Waffen. Es war eine Schlacht ohne Soldaten. Sie hat nur einen Kämpfer und mit zwei Seiten. Diese Schlacht ist sehr groß und katastrophal ist sie auch. Sie hat meine Seele zerstört, ohne eine einzige Waffe zu gebrauchen.

Diese Schlacht ist zu einem Ende gekommen, als ich an diesem Tag eingeschlafen bin. Aber der Krieg geht immer wieder weiter, jedesmal wenn ich am Morgen wieder wach werde und aufstehe.

Ahmad M.

Ghamkin

Über die Melodien der Liebe

Ich werde all diese Liebesworte umschreiben, die ich bei unserem ersten Treffen immer wiederholt habe ... um sie als ein Gedicht nur für sie zu umschreiben.

Ich werde alle meine Vorstellungen von unserem ersten Treffen neu ordnen. Ich werde eine Gitarre und eine Kerze nehmen, um die Melodien der Liebe die ganze Nacht über zu spielen. Oder vielleicht, wenn wir nicht spielen können, eine Kassette abspielen, die von einer Liebe spielt, die ein Musiker aufgenommen hat. Und zu diesen Melodien tanzen und singen wir, bis unsere untergehende Sonne erscheint.

Ich werde all diese Erinnerungen zurückbringen, die einst zwischen uns waren, und sie in meinem Kopf als Kurzgeschichte betrachten, die keinen Anfang und kein Ende hat. Eine Geschichte, die keine Grenzen kennt, aber unsere feineren Details, Merkmale, Augen und sogar ihre wunderschönen Haare kennt.

Am Ende werde ich diese Kerze ausblasen, um müde und erschöpft zu meiner schmerzhaften Realität zurückzukehren. Es gibt keine Liebe ohne dich.

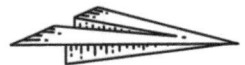

Aya

Zwischen Internetandrang und Papiergeruch

Während wir im Verkehr des Internets und der sozialen Medien stecken:
Wir haben keinen Sinn dafür, in welchem Ausmaß wir uns selbst verlieren. Die Leidenschaft für die Kommunikation über Briefe beruht auf der Tiefe dessen, was das Herz übermitteln möchte.
In der Tat sind wir Freunde unserer Stifte. Wir berühren Tasten mit einigen festen Buchstaben. Wir beruhigen unsere Familien und senden, was wir sagen wollen.
Stille und Trägheit vernichteten unsere Herzen und Seelen.
Wie oft haben wir die Äußerung missverstanden... Oder wie oft haben wir wegen der anhaltenden Reaktion etwas missverstanden. Und wie oft sind unsere Seelen aufgrund einer unbeabsichtigten Stille entflammt. Die Stille bietet Raum für Interpretationen, die uns in alle Richtungen führen können... Und gewiss werden wir in den meisten Fällen das Schweigen fehlerhaft auslegen. Manche Stille ist Tadel oder Missachtung und manche Stille ist Liebe.
Die digitalen Nachrichten töten die Sehnsucht auf das Warten der Briefe und den hervorragenden Geruch beim Öffnen der Briefe.
Was ist mit der Schönheit die Briefe einzupacken und sie vorzubereiten mit den privaten Details, die Raum geben, um auszudrücken, wer man ist?
Wir befinden uns in einem schönen, interessanten und wichtigen digitalen Fortschritt, aber es macht nichts, ein wenig zu unterscheiden und etwas von der greifbaren Schönheit bei der Kommunikation zu verwenden.

Ahmad M.

Die erste Nachricht

Ich weiß nicht, an wen und warum ich schreiben soll. Vielleicht weil meine Heimat sich mit Blut und Liebe vermischt hat, oder wegen der Familie, welche getrennt wurde. Soll ich lieben oder hassen? Ich schreibe meine Nachricht an eine unbestimmte Person. Wird diese Nachricht jemanden erreichen? Oder wird sie geschlossen in einem Briefumschlag bleiben, adressiert an die zerstörte Heimat?

Ich zeige hier meine Schmerzen und die Schmerzen der Menschen. Es gibt in meinem Leben nichts mehr außer Schmerz.

Du siehst in seinen Augen nichts außer Schmerz und Sehnsucht, und in seinem Herz siehst du Hass, auf etwas, das man Bestimmung nennt. Trotzdem glaube ich an eine Bestimmung.

Ich schaue traurig auf das Leben, manchmal glücklich, manchmal sehnsüchtig und mitleidend.

Es ist ein Leben, welches sich nicht wiederholt. Das Leben besteht aus Fehlern und Richtigem, aus Schmerzen und Schönheit, aus Hass und Verzeihung.

Ich schreibe diese Nachricht von Herzen. Mein Herz ist verletzt, es blutet wegen der Situation meiner Heimat, wegen meinem Volk und wegen meiner Freunde.

Man fragt mich nach dem Grund der Sehnsucht zu meiner Heimat.

Ich frage mich, was wir unserem Land angetan haben, dass es so zerstört wurde?

Man fragt, warum hast du deine Heimat verlassen?

Ich sage nichts außer einem Wort: Bestimmung. Ja, die Bestimmung zeichnet uns einen Weg, den wir zu gehen haben. Die Umstände haben uns gezwungen diesen Weg zu gehen. Deswegen sage ich nichts, außer: „Gott stehe dir bei, Heimat."

Absender : Ein verletzter Bürger
Ahmad, 17 Jahre

Sara

Die erste Antwort

Deine Nachricht hat mich erreicht. Sie lag geschlossen in einem Briefumschlag auf meinem Schoß, in einem zerstörten Land, mit dem Namen Heimat. Deine Nachricht hat mich in deiner Heimat erreicht, aber der Schmerz hat es nicht. Der Schmerz hat mich getroffen und hat sich dann verabschiedet. Er ist an mir vorbeigeflogen, genauso wie das Leben an meinen Augen vorbeifliegt. Du sagst, dass es in Deinem Leben nichts mehr gibt außer Schmerz, aber ohne den Schmerz gibt es auch kein Leben. Ich kann das bezeugen, ich zeige es Dir in meiner Antwort. Ich schreibe meine Antwort an eine unbestimmte Person. Wird diese Antwort diesen Jemand erreichen? Oder wird sie geschlossen in einem Briefumschlag bleiben, adressiert an die Schmerzen eines Fremden? Ich bezeuge hier meine Taubheit und meine Tränen, die sich mit Blut und Verzweiflung vermischt haben.

In meinen Augen wirst du nichts als Leere und Sehnsucht sehen, die Sehnsucht, einmal das Leben zu spüren. Und in meinem Herzen? Was wirst Du in meinem Herzen sehen? Um mein Herz zu sehen, musst Du es erst suchen und finden. Dann musst Du solange kämpfen, bis du den Schlüssel bekommst, damit Du reingehen und sehen kannst, was in meinem Herzen ist. Der Schlüssel heißt Vertrauen, das wird ein harter Krieg für Dich. Aber Kriege und Zerstörung bist Du gewohnt. Ich kann aus Deiner Nachricht entnehmen, dass Du Kriege mit Dir selbst führst. Du zerstörst Deine Erinnerungen an den Krieg und doch wirst Du den Krieg nie los. Der Krieg in Deinem Kopf, der Krieg in Deinem Herzen, der Krieg Deiner Gedanken, die Schlacht gegen den Schmerz und die Bestimmung. Weißt du was, unbekannte Person? Wir beide kommen aus verschiedenen Welten, aber auch ich führe und lebe Kriege. Krieg mit mir selbst und den Menschen in meiner Umgebung. Das Wort Krieg hätte man nicht unpassender wählen können. Krieg, gleich bekriegen, gleich kriegen, gleich etwas bekommen. Was kriegst du denn schon außer Schmerzen? Es ist doppeldeutig, weißt Du warum? Denn Du kriegst Schmerzen und Du führst Krieg gegen diese Schmerzen.

Wir kommen beide aus verschiedenen Welten.
Deine Familie wurde getrennt, ich möchte mich von meiner trennen. Vielleicht ist es auch weniger schlimm, da ich selbst entscheiden und bestimmen kann, ob ich mich von ihr trenne. Du jedoch hattest keine Wahl. Wir beide haben die Liebe unserer Eltern auf die unterschiedlichste Art und Weise erfahren. Aber vielleicht definieren wir die Liebe auch einfach auf die unterschiedlichste Art und Weise? Für mich ist Liebe etwas, was ich nicht mehr fühlen kann. Und trotzdem gibt es keinen Tag, an dem ich nicht sage, dass ich es liebe mich zu spüren. Meine Eltern lieben mich so sehr, dass sie sich an mich klammern und mich mit sich ziehen und an mir zerren und mich einengen, mir manchmal die Luft meiner Atemwege nehmen. Und ich liebe nichts mehr als die Freiheit und das Leben. Das sind schon zwei unterschiedliche Arten von Liebe. Wie viele gibt es wohl? Die Liebe zu Deiner Heimat ist anders als die zu Deiner Familie, und diese ist anders als die zu Deinem Lieblingsessen. Oder Dein Lieblingsbuch, Dein Lieblingslied, Dein Lieblingsfilm, Dein Lieblingstier… Ich schaue nicht traurig oder glücklich, oder sehnsüchtig, oder mitleidig auf das Leben. Ich schaue nämlich gar nicht hin, ich schließe meine Augen und versuche es zu fühlen. Ich würde das Hundertfache Deines Schmerzes meiner Taubheit vorziehen. Diese Leere erfüllt mich und das ist schrecklich. Ich wusste gar nicht, dass die Leere sowas kann. Wie macht sie das? Kann etwas Leeres voll sein? Die Liebe hat Dir weh getan, weil Du von Deiner Familie getrennt wurdest und mir tut sie weh, weil ich es nicht wurde.

Du hast Recht, das Leben wiederholt sich nicht, aber warum ist dann jeder Tag derselbe? Wir machen Fehler, wir treffen Entscheidungen, wir hassen und wir verzeihen. Aber unser Herz hört nie wirklich auf zu bluten. Unsere Tränen bluten mit und die Kriege ziehen uns mit, auf das blutige Schlachtfeld. Ich schreibe diese Antwort von Herzen. Damit Du siehst, dass ich am anderen Ende der Erde genau wie Du Leid empfinde. Damit Du weißt, dass Du damit nicht alleine bist, so verschieden unsere Welten auch sind. So verschieden wir auch dieses Leid empfinden. Du leidest, weil es Dich schmerzt und ich leide, weil ich keinen Schmerz empfinden kann, oder andere Gefühle. Die Umstände haben mich gezwungen meine Gefühle wegzuwerfen und jetzt weiß ich nicht mehr, wo ich sie liegen gelassen habe. Vielleicht in dieser Antwort? Deswegen sage ich nichts außer: „Gott stehe uns bei, Heimat."

Absender: Eine unverletzte Bürgerin

Haya

Virus keines Abschieds

Dieser würde der passende Name des Virus sein, der uns keine letzte Umarmung, keinen letzten Willen, keinen letzten Kuss, keine Abschiedszeremonie gibt...

Der Geruch des Todes versteckt sich in jeder Ecke unserer Stadt.
Die Uhrzeiger ticken mit dem Zähler der Toten.
Der Himmel wird schwarz gefärbt.
Nur ich stehe hier willenlos in meiner Wohnung mit all meinen Narben,
die mir mein Leben lang weh getan haben.

Ich kann nichts hören außer deiner Stimme,
die beständig in meinem Kopf die gleichen Worte wiederholt.
Dein Gesicht wird auf all meinen Wänden mehrmals mit dicken Stiften gezeichnet.
Ich erkenne deinen Schatten überall um mich herum.

Auch deinen Atem spüre ich immer näher kommen.
Ich bin völlig ängstlich, denn ich weiß, dass du schon weit weg bist.
Dass ich nicht mehr bei dir sein kann.
Der rebellische Geist läuft aber immer noch in unseren Straßen.
Ich habe aber keinen Mut mehr, diesen mit mir zu konfrontieren.

Unsere gemeinsamen Träume erscheinen als letzte Hoffnung weiter zu leben.
Ich behalte mein Leben um sie wahr zu machen.
Ich möchte den Himmel noch einmal blau sehen
Und dein Lächeln, das sich in den Sonnenstrahlen spiegelt.

Du bist und bleibst bis zum Ende meine Superheldin,
die mit blauem Gewand gegen den Tod gekämpft hat.

Mohammad H.

An Dich mein Freund

Hast Du meinen letzten Brief bekommen? Wurde der Brief zu Dir gebracht, wie hier? Briefkästen und Briefe sind hier in Deutschland ein Teil unseres Lebens. Du hast jede Woche mindestens fünf Briefe zu lesen und einen, um ihn auszufüllen und einen, kurz vorm Wochenende. Entweder Rechnung, oder Mahnung, die Dein Wochenende schon versauen können.

Pünktlichkeit... etwas, was Du nie schaffst. Jedes Mal, wenn wir miteinander zu einer bestimmten Uhrzeit verabredet waren, musste ich 45 Minuten extra rechnen. 45 Minuten, wenn Du dich beeilt hast, sonst immer zwischen einer und zwei Stunden Verspätung. Hier ist es anders. Die Pünktlichkeit ist wichtig, jede Sekunde ist wichtig. Wenn Du mich jetzt sehen würdest, würdest Du mich auslachen. Ich trage meine Termine ins Kalenderbuch. Ohne dieses Buch komme ich überhaupt nicht mehr klar.

Die Schulen hier sind anders. Das Beste ist, Du musst keine Uniform tragen. Jeder trägt, was er will. Die Klassen sind voll mit Technik und Smart-Boards. Die Lehrer sind alle lieb und nett. Ich hatte eine großartige Schulzeit hier. Apropos, ich habe das Fachabitur geschafft. Nach vier Jahren durfte ich endlich studieren. Erinnerst Du Dich, wie unser Lehrer uns auseinandergenommen hat? Ich musste 25 Liegestützen vor allen Schülern machen und Du bliebst eine Stunde an die Wand stehen – auf einem Bein, und beide Hände mussten hoch bleiben. Unser Mathelehrer, wenn er kam, hat keiner geatmet. Wir hatten eine tödliche Angst vor ihm. Obwohl wir schon in der zehnten Klasse waren. Es war kein Spaß mit ihm. Lieber still sein, anstatt Schläge zu bekommen, das war die Devise.

Deutsch zu lernen ist gar nicht einfach. Deutsch ist eine sehr schwere Sprache. Du würdest hundert Jahre brauchen, um diese Sprache zu können. Ich weiß ganz genau, was in Deinem Kopf für eine Frage haust: Was heißt „Ich liebe Dich"? – Jetzt kannst du Sara etwas Schönes sagen.

Das Leben hier ist oft schwer ertragbar und schwierig. Ich habe hier keine Person wie Dich getroffen. Jeder ist mit seiner Schule und seiner Arbeit beschäftigt. Nur wenige haben Zeit für einander. Ich musste das Ganze allein durchziehen. Warum bist Du mit mir nicht hergekommen? Du konntest Sara nicht verlassen. Jetzt verstehe ich Dich. Liebe ist nicht einfach zu finden. Ich vermisse die Liebe hier. Ich vermisse meine Familie. Ich vermisse mein altes Haus. Ich vermisse Dich. Ich werde hier keine Liebe finden. Ich habe die Liebe bei euch gelassen und bin einfach weg.

Ich habe hier nette Zeiten, aber auch harte und dunkle Tage.

Bitte schick mir eine Antwort. Ich mache mir Sorgen. Ich habe schlechte Nachricht über Aleppo gehört. Ich will meine Heimat in Deinem Brief riechen. Ich will Deine Wörter und Deine Schrift lesen. Ich erwarte Deine baldige Antwort.

Liebe Grüße
Mohammad

Mohammad H.

Ein Herz gegen ein Herz

Oh, wie glücklich sie war, als der Arzt ihr erzählte, dass sie schwanger ist. Sie konnte es nicht glauben. Nach 11 Jahren bekommt sie endlich ein kleines, süßes Baby. Der Vater, Amar, wollte dem Kind den Namen seines verstorbenen Vaters geben. Wenn es ein Junge wird, sollte er Ibrahim heißen. Wenn es ein Mädchen wird, dann sollte Sara, die Mutter, einen Namen aussuchen. Sie wollte ihr erstes Mädchen gerne Sally nennen. Sara war allein beim Arzt. Amar konnte sie leider nicht begleiten, weil er arbeiten musste. Sie überlegte sich, wie sie Amar diese schöne Nachricht mitteilen sollte. Sie wird es ihm heute Abend erzählen, beim Abendessen. Oder vielleicht doch besser erst am Wochenende, wenn sie gemeinsam Zeit verbringen. „Ne ne, bis Samstag kann ich nicht warten. Ich rufe ihn jetzt an." Sie ging schnell ihre Handykontakte durch, doch sie fand seine Nummer nicht. „Beruhige dich Sara. Da ist seine Nummer." Sie rief ihn an. „Wieso geht er nicht ans Handy? Ich hasse ihn. Erstens hat er mich heute nicht begleitet und zweitens geht er nicht ans Handy. Maschi Amar Maschi (Arabisch für okay). Heute bekommst du kein Abendessen, dachte sie sich. Soll ihn doch seine Mutter bekochen." Amar ging nicht ran, also ging sie Kleidung für das Baby kaufen. „Wie süß die kleinen Söckchen sind. Soll ich pinke oder blaue kaufen? Aber ich weiß nicht, ob es ein Junge oder ein Mädchen wird. Ich kaufe einfach gelbe." Sie ging weiter und schaute sich viele kleine Babysachen an, für ihren ersten Engel. Früher, jedes Mal, wenn sie Kinder auf der Straße sahen, weinte sie und drückte Amars Hand. Er sagte damals, dass sie nicht aufgeben soll, Gott würde sie nicht vergessen. Sie ging aus dem Laden und kaufte nicht so viel, sonst würde sich Amar darüber aufregen. Damals hatten sie besprochen, dass sie zusammen für das Baby einkaufen gehen wollen. „Aber wenn er immer noch nicht an sein Handy gehen will, hat er es nicht anders verdient."
Sara lief über die Straße, als sie einen unbekannten Anruf bekam. „Wer ist das jetzt?" Sie ging ran. Die Stimme am anderen Ende der Leitung fragte: „Sind Sie Sara?" „Hallo, wer

ist denn da?", fragte Sara. „Hier ist Dr. Ahmad." Ihr Herz stoppte, die Uhr tickte nicht mehr. Er sprach weiter: „Sara, es tut mir sehr leid, dass ich Ihnen diese traurige Nachricht mitteilen muss..." Sara konnte nicht mehr stehen, sie spürte etwas Schlimmes im Herzen. Sie zitterte. „Geht es meinem Mann gut Doktor?" Der Arzt schwieg für einige Sekunden, dann holte er tief Luft. Beide haben geschwiegen, das Leben hat geschwiegen. Der Himmel war nicht mehr blau und schön, auf einmal war alles schwarz. „Sara, Amar ist tot, er wurde erschossen."

Sie hat aufgelegt und legte ihre Hand auf ihren Bauch. „Mein kleiner Süßer. Das Leben hat ihn uns bestohlen!" Ein Herz hörte auf zu schlagen und ein neues wurde soeben erschaffen.

12 Uhr - 10.05.2020

Sara

Obdachlos?

Ich bin mein eigenes Haus und ich bin Obdachlos.
Ich bin mein eigenes Haus und du bist eingebrochen.
Ich bin mein eigenes Haus und ich habe keine Fenster.
Ich habe keine Wände, ich habe Mauern.
Meine Haut sind Mauern, meine Augen sind Gitter.
Du hast dich in mir verlaufen und ich verliere mich in meinem eigenen Haus, in
meiner eigenen Haut.
Ich habe kein Herz, sondern eine Heizung.
Eine einzige Wärmequelle und die ist kaputt.
Ich friere in meinem Haus und wann immer ich einen Gast habe, ist ihm kalt.
Mein Haus ist nicht gemütlich, man fühlt sich nicht wohl in mir, aber ich lebe in
diesem Haus.
Ist dieses Haus ein Gefängnis?
Bin ich mein eigener Gefangener in meinem eigenen Haus, meinem eigenen Körper,
meiner eigenen Haut?
Ich lade niemanden mehr ein, keiner darf je durch die Tür.
Lasst die Schuhe an, ihr bleibt nicht lang und könnt dann gehen.
Ich mauere die Tür zu und klebe ein "Zutritt-verboten-Schild" drauf.
Betreten auf eigene Gefahr.
Ich raube euch aus in meinem eigenen Haus.
Ihr seid auf euch allein gestellt.
Ich bin Obdachlos in meinem eigenen Haus.

Wagd

Liebe Wahrheit

Liebe Wahrheit,

wie geht es dir? Ich habe Dich seit langem nicht mehr gesehen, und das macht mich sehr neugierig, denn ich möchte Neues von Dir wissen. Ich habe gehört, dass Du die meiste Zeit zu Hause bleibst. Und es gibt wenige Menschen, die Dich sehen möchten. Was passiert eigentlich? Das finde ich nicht normal. Du warst die Einzige, nach der alle suchten. Du warst die Hoffnung für viele. Was ist passiert, nach unserem letzten Treffen? Vor zehn Jahren waren wir immer zusammen, wir waren sehr jung, aber jetzt bin ich groß geworden und Du bleibst trotzdem jung. Warum hast du dich nicht geändert? Sag es mir bitte. Ich sitze auf heißen Kohlen und warte auf deine Antwort.

Liebe Grüße

◇◇

Liebe Falschheit,

ich würde Dir gerne wie einem normalen Freund sagen, dass ich Dich vermisse, aber leider ist das nicht mein Gefühl. Zwar sind wir zusammen erzogen worden, aber danach hat jeder von uns einem anderen Zweck gedient. Deshalb kümmere ich mich um mich selbst, ohne mein Leben zu ändern. Zwar bleibe ich klein, bin aber stark. – Ich habe so viel an Dich gedacht und jedes Mal wollte ich dann mit Dir Kontakt haben, aber irgendetwas verhinderte es immer. Ich weiß nicht was das ist. Vielleicht ist der Unterschied zwischen uns zu groß. So groß wie der Unterschied zwischen dem Wasser und dem Feuer, aber immer gibt es einen gemeinsamen Punkt, der uns zusammenbringt. Deswegen schreibe ich Dir.

Liebe Grüße

Haya

Die Auferstehung aus dem Spiegel

Das Wehklagen der Nacht beunruhigte meine Einsamkeit und ich verschob die Vorhänge nach dieser langen Vorstellung. Ich fiel erschöpft in einen der kleinen Räume, als ein winziges Licht aus dem zerbrochenen Fenster schlich. Es verbreitete eine seltsame Wärme in mir, ich bemerkte, wie sich seine Wirkung in meiner Seele beruhigte, die zwischen den Kellern des Verlustes wanderte. Es beleuchtete einen Weg zwischen einem Haufen brennender Asche und scharfen, purpurroten Steinen. Ich trat ängstlich auf meine Füße auf und zittere beim ersten kleinen Kratzer.

Die Erinnerung kommt zu mir zurück und bringt mich auf die andere Seite, wo ich barfuß auf einer glatten, mit Baumwolle gepflasterten Glasstraße ging, und die ich für einen Moment zu einer Wolke machte und die hinauf zum Himmel schwebte, während eine wilde Pflanze mit der Zeit geduldig auf ihre Beute wartete. Bis sie sie angriff und sie mit Vergnügen unter ihren Dornen vergrub.

Dieser Windstoß, der immer noch auf meinem Gesicht haftete, erinnerte mich daran, wie er mich damals bestürmt hatte, meine Gesichtszüge verwüstete, meine unter Drogen stehenden Augen öffnete, mich vom Boden der Pflanze und ihren scharfen Dornen gezogen und mich in die Hände des Schicksals geworfen hatte, und wo es mich zurück zum Anfang brachte.

Auf meine Wunden schaue ich, in diesem zerbrochenen Spiegel, und sammle seine Splitter zwischen meinen blutigen Händen, um das Bild von mir zu vervollständigen.

Oh mein Gott, ich bin eine Frau, die mit dem Staub der Enttäuschung geschmückt wurde und deren Gesichtszüge davon reif geworden sind. Ich bin diesem lebhaften kleinen Mädchen nicht mehr ähnlich, das in trostlosen Winternächten hinter dem flüchtenden Mond rennt und tagsüber gegen die Sonne rast, um den größten Spaß zu haben. Dieses Mädchen sitzt jetzt in mir, näht weitere Narben zu und sendet mir ein Gefühl der Sicherheit. Sie stöhnt sanft über die wilden Teenager, die in das unbekannte

Meer getaucht sind, um nach leuchtenden Perlen zu suchen, die ihren Weg beleuchten sollten. Sie fanden nichts als wertlose Steine, die keinen Glanz haben.

Ich berühre meine Gesichtszüge mit einer mageren Hand, mit sanfter Zärtlichkeit, als wollte ich die Müdigkeit der Tage beseitigen.

Meine müden Augen leuchten kühn und trotzen dem Aussterben der Dunkelheit, wo sie jetzt von großem Ehrgeiz bewohnt werden. Mein Herz seufzt nach dem letzten Waffenstillstand des Friedens. Es schlägt wieder in der Natur und der Erdrotation.

Ich atme tief durch und versuche, die Luft lange in meiner Lunge zu halten, damit sie sich mit den letzten Ascheteilchen darin vermischt. Das Ausatmen kommt rein und sehr zufrieden aus mir heraus.

Meine Einsicht öffnet sich, und zum ersten Mal werde ich die Frau in dem Traum sein, den das Kind sich für mich schon lange vorgestellt hat. Sie malt mich in leuchtenden Farben, gemischt mit unlesbaren Buchstaben. Die Zufälligkeit der Kunst in mir, bildet eine widersprüchliche Figur, die von einem Kind in Form einer Frau geführt wird.

Gihad

Manchmal fühlt es sich wie zu Hause an!

Lieber Unbekannter,

Ich weiß nicht, ob Du das hier von mir lesen würdest, ich kenne Dich gar nicht und weiß auch nicht einmal, wie Du aussiehst. Dennoch wende ich mich an Dich und hoffe auf Dein Interesse an dem, was ich Dir erzählen möchte. Denn hier, in der „kalten, goldenen" beschriebenen Fremde, sollte man kein Gehör bekommen.

Diese Fremde sollte von einer angeblich kalten Herzlichkeit erfasst und gefangen sein, in der man nicht erwarten sollte, für diesen Brief einen warmherzigen Interessenten zu finden, der ihn lesen möchte.

Fast volle fünf Jahre sind für mich hier vergangen, lieber Unbekannter. Ja, und gefühlt so schnell wie ein Augenblick.

Der Abschied von einer verletzten Heimat mit verschwommenen Bildern, die viele Tränen meiner Mutter sehen ließen, ist mit den Farben des Schmerzes gemalt. Einem Schmerz, der mein Herz auf meine Heimat richtete.

Nicht nur Mutter weinte, sondern Vater hat auch Tränen für mich fließen lassen. Was mich in Verlegenheit, Angst und Trauer versetzte. Denn mein Vater hat vorher nie geweint, lieber Unbekannter!

Ich möchte Dir jetzt von den letzten Bildern meines Abschiedes erzählen.

Es war früh am Morgen und kalt, ich war noch nicht richtig wach und realisierte nicht, worauf ich mich eingelassen hatte…

Ich schloss die Autotür meines Vaters, ließ die warme Hand meiner Mama los und nahm die fremde Hand entgegen. Ich ließ alles hinter mir zurück... einsam...

Der Bus fuhr den Berg hoch und ich schlug eine neue Seite meiner Geschichte auf – im Westen – die ich allein mit meinem Stift schreiben möchte.

Eigentlich sollte es hier um meine neue Heimat gehen. Denn ich will Dir das Gegenteil von der kalten westlichen Fremde erzählen.

Es ist so, lieber Unbekannter! Trotz sozialer Unterschiede versuche ich meinen Bildungsweg zu gehen. Ich gehe hier zur Schule, habe Freunde gefunden, die wie eine Familie für mich sind. Sie sind nicht die Freunde, mit denen ich in den Kindergarten oder in die Grundschule gegangen bin. Aber sie geben mir das Gefühl, schon immer hier gewesen zu sein. Ich laufe über Straßen, die mir so vorkommen, als ob ich sie schon lange kenne. Ich fühle mich hier verstanden und akzeptiert. Nicht von allen, aber von vielen. Es fühlt sich manchmal wie zu Hause an.

Du wunderst Dich?

Ja, das verstehe ich total.

Vertraut, liebevoll und warmherzig, fühlt es sich an, hier in meinem Umfeld, in meiner neuen Heimat, in Deutschland.

Du fragst Dich bestimmt, wie das sein kann, wenn ich hier keine Familie habe, und ganz alleine bin.

Dies ist auch eine gute Frage.

Ich habe einen Platz bei den Familien meiner Freunde einnehmen dürfen, an Weihnachten, Geburtstagen und mit schönen langen Gesprächen am Abend.

Oft sitze ich am Abend mit guten Freunden und deren Familien, wir unterhalten uns, grillen und essen zusammen. Ich habe mit meinen neuen Freunden viel erlebt, gesehen, gelacht, aber auch manchmal geweint.

Diese schnell gewonnene Vertrautheit ist für mich ein Beweis, dass Kulturen, Religionen, Hautfarben und Ethnien Menschen nicht auseinanderbringen müssen, sie nichts trennen, solange sie zusammenhalten und den Mut haben, sich ihren Ängsten zu stellen und den Mut aufbringen, das Fremde kennenzulernen. Menschlichkeit, Mitmenschlichkeit, ist was uns vereinen sollte. Das ist das, woran wir uns halten sollten.

Den traurigen Teil meiner Geschichte habe ich nicht vergessen, er wird mich immer begleiten.

Du fragst Dich bestimmt, wie schnell das alles passiert ist. Das weiß ich auch nicht.

Ein Gefühl der Zufriedenheit, nach einem guten Abend auf's Fahrrad zu steigen und nach Hause zu fahren. Ich esse viele deutsche Gerichte gern und koche sie auch selber für mich, weil ich manchmal so richtig Appetit darauf habe.

Ich feiere auch Weihnachten gern mit. Es gibt mir das Gefühl der Zugehörigkeit und der Geborgenheit, Menschen um mich zu haben, die ihr Haus und ihr Herz für mich öffnen. Es gibt so viele helfende Hände, die mir meinen Weg beleuchten.

Jedoch muss ich Dir gestehen, dass ich mich selbst oft nicht zuordnen kann. Ich fühle mich dann so unentschieden. Ich kann mich innerlich nicht genau für eine Seite entscheiden. Die eine Seite ist deutsch, die habe ich durch meine Pflegefamilie bekommen, und die andere Seite, die arabische Seite, die von meinen leiblichen Eltern kommt. Es fällt mir schwer meine Zugehörigkeit zu bestimmen. Diese Unklarheit quält mich. Eine Identität aus zwei Extremen. Ich weiß nicht, ob sich viele, die in einer ähnlichen Situation sind wie ich, so fühlen. Manchmal denke ich, es ist normal sich so zu fühlen, denn unsere Gesellschaft ist ja „Multi-Kulti". – Eine klare Identität ist nicht unbedingt erreichbar.

Mohammad H.

Die Blockade

Wir waren alle glücklich, alles war schön. Schönes Wetter, gute Menschen. Alle lebten in Frieden, bis der Krieg 2011 anfing. Es war so schlimm. Niemand erwartete, dass unser Land untergehen wird. Meine Familie und ich lebten in Aleppo, welche eine große Stadt in Syrien ist. Sie liegt im Norden von Syrien, neben der türkischen Grenze. Ramadan ist ein Monat, in dem wir Muslime fasten. Wir setzten uns gerne an den großen Tisch, auf dem viel Essen stand. Er war immer schön gedeckt. All das haben wir verloren, wegen dem Krieg. Aleppo hatte es in dieser Zeit sehr schwer. Wir lebten fast einen ganzen Monat ohne Essen, wegen der Blockade. Die Blockade teilte Aleppo in zwei Teile. Ein Teil gehörte der Freiheitsarmee und der andere Teil gehörte der Assad-Armee. Unsere Wohnung lag im Assad-Bereich. Deswegen erlebten wir die Blockade besonders stark. Der Sommer in Aleppo ist sehr schwer, besonders im Ramadan, wenn man nichts essen oder trinken darf. Das Wetter betrug damals ungefähr 38-44 Grad.

„Mein Sohn, geh mit deinem Bruder zur Moschee und hol Wasser, ich gehe gleich auch und versuche Brot zu besorgen", sagte mein Vater zu mir. Es war unglaublich, dass wir wegen der Blockade kein Essen hatten. Es gab ein großes Problem mit dem Wasser in unserer Stadt. Das Wasser kam alle 10 bis 15 Tage von einer Stelle zu den Menschen und manchmal kam einen Monat lang kein Wasser. Dann mussten wir das Wasser kaufen. Wir kauften Wasser fürs Waschen. Das Wasser wurde in große Wassertanks abgefüllt. Unser Wassertank befand sich auf dem Dach unserer Wohnung. Wir kauften auch Wasser fürs Trinken und das war sehr schwer zu besorgen, weil alle Menschen Wasser wollten. An einem sehr heißen Tag brauchten wir wieder Wasser. Wir brauchten dringend Wasser um waschen zu können, oder für die Toilette. Mein Vater rief einen Mann an und bestellte bei ihm Wasser. Dieser Mann hatte uns einen Tag später einen Termin gegeben. Wir warteten, bis er kam. Ich musste auf dem Dach neben unserem Wassertank warten, um ihn dann aufzufüllen. Das war sehr gefährlich, weil ein Scharfschütze auf einem anderen Dach war. Er schoss auf die Menschen, wann er wollte, ohne Grund. Oder der Grund war, dass wir uns im Assad-Bereich befanden. Jede Person, die sich im gegnerischen Bereich aufhielt, wurde beschossen und verletzt. Als ich den Tank aufgefüllt hatte, duschte ich endlich. Ich freute mich, dass wir Wasser hatten. Das Wasser in unserem Wassertank sollte für eine Woche ausreichen. Wir schliefen und am nächsten Tag stand ich auf und ich ging ins Badezimmer und es kam kein Wasser aus dem Wasserhahn. Ich rannte zu meinem Vater und ich erzählte ihm, was ich sah. Wir gingen zusammen auf unser Dach. Auf dem Boden war alles voller Wasser. Wir schauten uns unseren Wassertank an und sahen ein kleines Loch an der Unterseite. Dieses Loch entstand durch einen Irrläufer. Das ganze Wasser floss heraus. Das war sehr traurig. Es war für uns sehr gefährlich auf das Dach zu gehen, weil unsere Wohnung zwischen den beiden Konfliktparteien liegt. In der Zeit von Ramadan hatten wir auch ein großes Problem Essen zu finden. Die Bäckereien waren geschlossen, weil es kein Mehl mehr gab. Meine Mutter backte zuhause das Brot selbst, aber das war fast unmöglich, weil es auch nur noch ganz wenig Gas gab. Weil es kein Gas gab, suchten wir nach anderen Lösungen. Wir backten mit Kohle. Ich kaufte die Kohle vom Markt. Ich musste sehr weit bis zum Markt laufen, weil alle Busse außer Betrieb waren, aufgrund des Gas- und Benzinmangels. Ein Kilo Tomaten war ein Traum für uns. Wir gewöhnten uns daran, Linsen und Reis zu essen.

Mein Vater hörte, dass die Blockade für ein paar Stunden aufgehoben wurde. Ich ging mit ihm zum Blockadepunkt. Wir mussten mehr als eine Stunde laufen, weil es keine Busse gab. Nach einer Stunde waren wir dort und suchten jemanden, der uns Lebensmittel verkaufen konnte, aber der Platz war voll von Menschen, die alle etwas kaufen wollten. Es war schwer Verkäufer zu finden, aber am Ende sahen wir einen. Wir kauften Kartoffeln und Tomaten. Etwas anderes gab es nicht. Während wir dort herumliefen und nach Verkäufern suchten, wurde alles um uns herum beschossen. Wir rannten weg, da neben uns jemand verletzt wurde. Er hatte eine Kugel in seiner Schulter und blutete stark. Wir liefen nach Hause zurück. Es war ein sehr schwerer Tag, wir waren am Fasten und das Wetter war so heiß.

Wir aßen jeden Abend das, was meine Mutter zum Kochen fand. Es war unglaublich, dass alle Leute in dieser schlechten Situation lebten. Unsere Erfahrungen lehrten uns, wie man Krieg überlebt. Bis heute herrscht in meinem Heimatland Krieg. Die Menschen dort sterben jeden Tag. Bis heute gibt es dort keine Sicherheit und kein Überleben. Es wäre zu gefährlich dort weiterzuleben. Dennoch sind viele Menschen dort geblieben. Wir wünschten uns alle in Frieden leben zu können, ohne Krieg und mit genug Essen.

„Es ist egal ob ihr etwas zu Essen habt, oder nicht, weil ihr euch im Assad-Gebiet befindet, verdient ihr das!", sagte ein Mann der gegnerischen Partei.
Ohne gegenseitige Hilfe hätten wir nicht überlebt.

Adnan

Brief

An Dich, meine bessere Hälfte, die mich sehr früh verlassen hat, bevor sie einen Abschiedsbrief nach Hause geschrieben hat!!

Hättest Du mich nicht verlassen, hätte ich Dich auch niemals verlassen, was auch immer passiert wäre.

Ich kann das Rad der Zeit nicht rückwärts drehen... ich wünschte, ich könnte es!

Als ich verletzt wurde in Momenten, in denen Du nicht da warst...

Noch schwieriger ist es, unser Ende vor meinen Augen zu sehen und ich nichts dagegen tun kann!

Ich konnte mir den Moment unseres Endes nicht vorstellen, während ich auf den Moment wartete, um unsere gemeinsame Zukunft aufzubauen.

Ich weiß, dass meine Nachricht ohne eine Antwort bleibt.

Aber vielleicht nehme ich meine Antwort vom Wind, der zwischen uns weht.

Ich werde Dich nicht mehr so einladen, wie ich es früher getan habe, meine bessere Hälfte, Seelenverwandte (linke Seite), weil der Schmerz und die Traurigkeit nicht zu Dir passen...

Du wirst nach dem Abschied meine Ex-Freundin sein – und mein erschöpftes Herz.

Während Du alles auf einmal verlierst: Vertrauen, Hoffnung – und die Menschen um Dich herum!

Es bleibt Dir nichts als nur ein einzelner Mensch zu sein...

Die Minuten des Verlustes machen mich sehr schwach.

Dieser Verlust war ein Erdbeben, das die Türen unserer schwarzen Erinnerungen öffnet und von unseren Wunden singt.

Ahmad M.

Rassismus

Rassismus hier, Rassismus da. Wir hören dieses Wort fast überall. In den Medien, unterwegs, an den Schulen und Universitäten. Politiker reden und debattieren darüber. Sogar Kinder diskutieren darüber.

Ich als syrischer junger Flüchtling kann nur bestätigen, dass man dieses Problem schon seit mehreren Jahrhunderten hat und manche „Ethnien" besonders darunter leiden. Auf der anderen Seite muss ich jedoch bestätigen, dass die Menschheit ein paar Fortschritte gemacht hat.

Als syrischer Flüchtling in Deutschland habe ich bis jetzt Gott sei Dank keine direkten Rassismus-Erlebnisse gehabt. Aber der sogenannte „systematisierte Rassismus", der hat meiner Meinung nach nicht nur mich getroffen, sondern jeden Ausländer, oder Deutschen mit Migrationshintergrund: z. B. bei der Wohnungs- und Arbeitssuche. Oder ich wurde mehrmals ohne Verdacht an Hauptbahnhöfen oder in Innenstädten von der Polizei, oder von der Security, unmotiviert kontrolliert. Man fragt sich, wer hat Schuld daran, dass Menschen mit offensichtlichem Migrationshintergrund derart behandelt werden?

Ich finde, dass wir uns zuerst mit unserer Geschichte beschäftigen sollten, damit wir uns auf die Gegenwart und die Zukunft konzentrieren können. Wir könnten z. B. die Personen und die Symbole aus der Kolonialzeit aufhören zu würdigen und zu ehren.

Es begannen auch Bewegungen, in denen es um Menschenrechte ging. Insbesondere auch um Frauenrechte. Und bis der Ausbruch im 18. Jahrhundert gekommen war, als die Sklaven befreit wurden und die Aufklärer kamen und Freiheit, Gleichheit und Brüderlichkeit für alle Menschen forderten. Aber was in den letzten Jahrzehnten passiert ist, als eine neue Wucht des Rassismus sich einstellte, und dadurch Völkermorde an Millionen von Menschen begangen worden sind, ist die Menschheit meiner Meinung nach einen großen Schritt wieder zurückgegangen.

Dennoch kann man den Rassismus überwinden: in dem man mehr und mehr die Menschen aufklärt. Vielfalt der Kulturen zu würdigen und Toleranz üben spielt dabei eine so wichtige Rolle für das friedliche Zusammenleben.

Deshalb appelliere ich an Euch, die diesen Text lesen, mich irgendwo hören oder irgendwann sehen: „Haltet zusammen, damit unsere Nachfahren und die nächsten Generationen auch noch eine gute Zukunft haben werden!"

Sara

Deine Augen schenken mir das Leben

Deine Augen schreien nach Freiheit.
Deine Augen sind Rebellen.
Deine Augen trauen sich aus ihrer Hülle.
Deine Augen schauen mich an.
Deine Augen lieben dich, deine Augen sind wunderschön.

Du bist in deinen Augen gefangen in deiner Freiheit.
Du bist du selbst und du bist wir alle.
Du bist der Freiheitskämpfer, der uns wie die Luft umgibt.
Alle atmen dich ein, alle saugen dich aus.

Du bist die Sonne und der Mond und die Sterne – voller Licht.
Deine Augen strahlen wie funkelnde Atome, deine Augen sind das Leben.
Das Leben in dir, das Leben in uns allen.
Deine Augen sind meine Welt.
Und diese Augen akzeptieren uns, ganz allein wie wir sind.

Haya

Die Güte des Elends

Elend umzingelt mich, schaut mich diesmal mit mitfühlenden Augen an, als hätte es Mitleid mit dem, was in meiner Seele ist, fragt es: „Darf ich dich wieder besuchen oder kommst du von allein zu mir? Diesmal bin ich ruhig, es gibt keine Hektik und kein Gebrüll, das dein Inneres zerstört. Ich werde mich in dein Herz graben und dort langsam einschlafen, als ob ich gar nicht da wäre."

Ich schaue in die Augen des Elends, es ist hilfloser als ich. Ich berühre mich und erkenne, dass das Elend ein Spiegelbild meiner Selbst ist. Meine Hände färben sich lila, als würde der Tod sie erblühen. Die vergessenen Lieder schweben in meinem Ohr und ersetzen den Platz meiner Ohrringe.

Ich fühle die Position meiner Augen, sie sind noch da. Es scheint, als wären sie letzte Nacht nicht in Tränen versunken, oder sind sie tatsächlich gestorben und nur noch leere Schalen auf meinem Gesicht?

Wer weiß. Meine Sichtweise hat sich nicht geändert. Ich sehe nur ein weißes Licht, als würde ich ziellos gehen. Ich spüre wie meine Füße schwanken, Stahlberge tragen, die Stärke der Jugend verlieren und mein leichtes Gewicht tragen, als wäre es Tonnen schwer.

Ich rieche den Geruch der Erde, die meine Füße tränkt und eine kleine Pflanze wächst zwischen ihnen, klettert meinen Körper hoch, umzingelt ihn und sucht nach etwas. Vielleicht saugt die Pflanze mir die Essenz des Lebens aus oder schenkt mir genau diese wieder. Ich bin mir nicht ganz sicher.

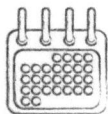

Wagd

Der unerwartete Termin

Die Uhr tickt, mit jeder Sekunde schlägt mein Herz.

Ich kann mir sehr gut vorstellen, wie man ohne Uhr leben kann, besonders ohne Uhrzeiger.

Entweder habe ich eine Uhr, damit ich die Zeit messe, oder ich habe keine Uhr und verbringe meine Zeit ohne Beobachtung, wie die Zeit läuft.

Ich setze mich auf den Stuhl und denke über all das nach.

Das, was bereits abgesagt worden ist.

Alle Veranstaltungen, der Betrieb aller Schulen, Kurse und Universitäten. Das alles ist geschlossen.

Trotzdem läuft die Zeit normal.

Ist das Zeit-Verschwendung?!!

Wie würde sich die Welt plötzlich verändern, wenn die Zeit sich beschleunigt??

Innerhalb einer Minute. Ich versuche die Zeiger zu beobachten –, wie sie sich drehen…

Langweilig… ich kann nicht mehr.

Dann stehe ich auf und gehe schnell auf meinen Kleiderschrank zu.

Ich überlege, was ist die Lieblingsfarbe der Zeit?

Ist das Rot?? Nein, niemals sah ich eine Uhr – ganz in Rot!

Vielleicht die weiße Farbe? Aber der Hintergrund ist immer Weiß, sonst ist alles Schwarz.

Warum scheint der Hintergrund für alles immer sauber? Und der Rest ist so unwichtig?

Warum ist die Vergangenheit immer unvergesslich?

Hängt das von der Zeit ab?

Alle sagen, dass die Zeit die Wunden heilt.

Ich verstehe das gerade alles.

Die Lieblingsfarbe der Zeit ist Schwarz! Und was dahinter ist, ist Weiß!

Ich will mich mit der Zeit treffen. Deswegen wähle ich das schwarze Kleid aus.

Ich will sie sehen.
Aber wer von uns entscheidet, wann wir uns treffen?
Die Zeit oder ich?

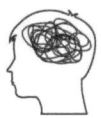

Yussra

Eine geistige Vergewaltigung

19.02.2030
Ich habe ein tödliches Heimweh. Endlich kann ich zurück! Ich denke nur noch an den Moment, an dem ich meine Familie wieder sehe. Die alten Straßen, die ich mit meinen kleinen kleinen Händen fühle, die kleinen Träume, die ich wieder erlebe, und die Leute, meine Leute, die auf mich warten und die ich wieder umarme. Ich kann nicht mehr warten, dieser Schmerz soll endlich weg! Denn egal wo man ist, ist man nie willkommen wie in seinem Heimatland. Sie rufen! Ich muss ins Flugzeug rein und alles hinter mir lassen. Heute ist mein Glückstag. Ich denke im Flugzeug an meine erfolgreichen Momente in dem fremden Land. Aber nie war ich zufrieden, denn ich fühle mich nur ganz erfolgreich in meinem Land, wo ich hin gehöre.
Wir landen gleich in Damaskus, der ältesten Stadt der Welt und auch die schönste, in meine Augen.

30.02.2025
Warum habe ich Angst, warum habe ich große Besorgnis? Ich habe heute die alte Straße besucht und jeder ist anders, keiner erkennt mich.
Bin ich wirklich da, wo ich aufgewachsen bin?
Habe ich hier meine Kindheit erlebt? Warum sind die Gebäude so zerstört? Wo bin ich um Gottes willen?

06.03.2025
Ich sitze am Wegesrand und weine. Ich hatte noch nie so ein Heimweh wie jetzt. Ich sehe in den Augen der Menschen hier nur Schmerzen. Nur verheerende Trauer. Ich kann mich hier nicht einfügen. Die Leute denken, ich bin verrückt, weil ich zurück gekommen bin, aber ich verstecke meine Enttäuschung. Ich muss doch loyal bleiben.

Alles ist ein Albtraum gewesen.

15.03.2025

Was, wenn ich verhaftet werde, weil ich damals für mein Land gegen die Politik gekämpft habe? Kann das sein? Ich dachte, diese Gefahr würde nach all diesen Jahren weg sein.

Immer hat mir meine Mutter gesagt, ich sei wie Damaskus, hübsch, stark und adlig, aber ich erkenne mich nicht mehr, wenn ich Damaskus sehe!

01.04.2025

Ich bin in meinem kleinen Zimmer in Deutschland aufgestanden, und ich habe realisiert, dass alles eine große geistige Vergewaltigung ist!

Mir wurde immer gesagt, dass die Bäume, die Steine und der Sand meine Heimat ist, und ich muss dafür sterben, egal ob sie für mich da sind, oder nicht. Wer entscheidet, was meine „Rasse" und Nachkommenschaft ist? Sie färben mich wie das Vieh und stecken mich in Viehställe! Jede Nation denkt: nur ich bin heilig und ich habe eine tolle Geschichte geschaffen, und deswegen muss ich alle anderen Nationen töten. Ehre, Patriotismus und Märtyrertum. Nur dann kann ich ins Paradies?

20.04.2025

Damaskus! Es tut mir so leid. Auch wenn ich dich nicht mehr als Heimat sehe, Ich liebe dich. Und ich hasse den Krieg. Ich bin nicht wie du, obwohl du zerstört bist, hast du deine Kinder nicht verlassen. Aber ich kann es nicht ertragen, und so habe ich dich zum zweiten Mal verlassen. Ich kann nicht mehr zurück und ich kann für dich nicht mehr kämpfen. Aber ich werde hier fruchten, um zu zeigen, wie stark deine Kinder sind. Die Täter haben dich! Aber ich habe die komplette Welt!

Wagd

Dieses Mal

Die Erinnerung, die nicht vergisst,
ist einfach verschwunden.
Die Träume, die immer
dabei sind, sind jetzt
sehr weit.
Alles was ich darüber
gedacht hatte, ist anderes geworden.
Bin ich dumm? Oder naiv?
Vielleicht bin ich ein
Mensch, der nicht auf
dieser Erdkugel lebt.
Zwar bin ich ehrlich
und freundlich, aber nicht
dieses Mal.
Dieses Mal ist es anders
als jedes Mal.
Manchmal braucht man
so viel Zeit, um die Wahrheit
zu entdecken.
Um das Rätsel zu lösen
und das Ende zu bekommen.
Nicht jede gute Nachricht bringt Freude.
Auch ist es nicht
unbedingt gesagt, dass die
schlechte Nachricht ein neues Unglück ist.
Immer, wenn ich verzweifelt bin
philosophiere ich über mein Leben.
Das ist mir wichtig!! –
Wichtig ist mein philosophisches Denken.
Egal, ob es mich beruhigt oder provoziert.

Ahmad

Frieden

Friede sei mit dir, der du da bist.
Du, der mich angetrieben hat dir zu schreiben.
Friede sei über jedem Menschen auf dieser Erde. Friede sei über jedem Geschöpf.
Friede über euch, die diese Botschaft lesen werden.
Frieden: Die Wörter variieren und die Buchstaben unterscheiden sich, aber die Bedeutung ist dieselbe. Über dieses Wort haben wir immer schon gesprochen und es wurde viel in Geschichten darüber erzählt. Es war ein Traum, der für einige unerreichbar war und für andere nur ein kleines Wort, das hier und dort gesagt wurde.
Frieden: Einige erlebten ihn für einen Moment und andere jahrelang. Einige von ihnen wurden im Frieden geboren und starben im Frieden. Und einige von ihnen sahen ihn in ihrem Traum.

Ein Moment, in dem viele davon träumen, den Frieden zu leben, wenn auch nur für einige Sekunden. Es war ihr Traum ihn zu leben und ihn zu genießen.
Oh Ihr, jene die diese Nachricht lesen werden, oder sie vorgetragen bekommen werden: Behaltet alles von dem, was ihr an Frieden besitzt. Verteidigt ihn mit all der Kraft, die euch gegeben wurde.

Der Frieden ist eine kostbare Gnade, für den, der ihn besitzt. Und seit Helfer für jene, die für den Frieden kämpfen. Helft ihnen, unterstützt sie und bietet ihnen Zuflucht.
Und ihr, die ihr euch den Frieden wünscht, verliert nicht die Hoffnung. Der Tag wird kommen, an dem ihr Frieden haben werdet. Ihr habt euch für Frieden eingesetzt und wurdet dafür bekämpft. Bringt euren Kindern bei, sich weiter für den Frieden einzusetzen. Verzweifelt nicht und seid immer bereit, ihn zu empfangen. Denn wenn er kommt, kommen Glück und Freude mit ihm.

Friede sei mit dir, oh Bewohner dieses Planeten.

Absender:
Ein Mensch, der vom Frieden träumt

Haya

Wahrer Traum

Eine Freundin fragte mich gestern, was mir meine Träume im Leben wären!

Ich hielt meine Blicke von ihr weg und dachte über alles nach, was dabei sachlich und fassbar zu erreichen wäre. Dann schüttelte ich meinen Kopf, als ob mein Körper diesen Gedanken abgelehnt hätte.

Ganz spontan sagte ich: „Frieden, ich will nur den Rest meines Lebens in Frieden leben, nicht mehr."

Sie lächelte und bestätigte meine Antwort: „Ich kann sogar Gott ohne Frieden nicht anbeten."

Das stimmt!

Ich versank in meinen Gedanken und hörte die innere Stimme flüstern:

„Frieden heißt nicht nur, dass du in Sicherheit lebst, oder ihn um dich herum spürst. Es ist noch viel tiefer als du denkst. Der Frieden soll mit deinen Organen eins werden, du musst ihn spüren, wie als würde das Meer ohne Wellen in dir still bleiben. Als ob dein Blut nach Blumen riecht und dein Herz nach einer Hymne schlägt. In dir gibt es mehr als ein freies Leben und Natur. In dir scheint eine große Sonne und sie strahlt in die ganze Galaxie deiner Zellen.

Dies alles ergibt, dass es nicht nur ganz Weiß oder ganz Schwarz gibt, sondern auch keine Farbe, oder dass es dazwischen Grau gibt. – Du bist völlig farbig, genau wie ein Regenbogen, der der Erde eine neue Chance für Freude erteilt."

Gihad

Ein Traum

Ich träume davon, eines Tages nach Hause zu fliegen. Nein, nicht nur das.
Ich will all die alten Freunde in der alten Stadt aufsuchen und finden.
Nicht nur meine Freunde, sondern auch all die alten warmen Gefühle noch einmal in den engen kleinen Straßen und Gassen spüren. Nur noch einmal bitte, lass mich sie noch spüren. Sie in meinem Herz leuchten lassen.
Ich will noch einmal dieselben Gespräche mit den Menschen führen, die mir so wertvoll waren.
So schön, so friedvoll, so warm, so furchtbar schön, ist die Vorstellung von einem Wiedersehen.
Aber ich werde nicht fliegen. Denn ich weiß, dass nichts mehr ist, wie es damals war.
Nichts ist so geblieben, wie es war.
Meine Vorstellungen von dir sind nur noch gespeicherte Bilder und Erinnerungen, auf Straßen und zwischen den Menschen, die nicht mehr da sind.
Die alte schöne Stadt Damaskus wurde von der Traurigkeit des harten, achtjährigen Krieges begraben. Somit ist nichts mehr da.
Und auch nicht meine alte Mama. Sie ist älter geworden und hat jetzt graue Haare bekommen.
Meine Mutter ist jetzt nur auf aufgehängten Bildern in meinem Zimmer und an den Wänden meines Herzens zu finden.
Auch nicht Papa, und mein Bruder oder meine Schwester. Alle leben ohne mich weiter.
Meine Schwester erkennt mich inzwischen nicht mehr.
Eine unerträgliche Kälte hat die Familie in ihre Gewalt genommen.
Sie berichten von Dir, Damaskus, oh du meine Güte, hast du dich furchtbar verändert!
Das war ja vorhersehbar und nicht mehr aufzuhalten.
Ich muss dir was beichten. Ich habe mich auch verändert. Ich habe so furchtbar Angst.

Denn, dass du mich wieder erkennst, das schließe ich aus.

Deine Straßen werden das kleine Kind aus der Vergangenheit nicht mehr erkennen, auch nicht der Bäcker oder der alte Nachbar mit seiner Frau.

Ich bin in Vergessenheit geraten. Das macht mir das Wiederfinden so schwer.

Meine Malerei existiert nur auf deinen alten Wänden, mein lautes, unbeschwertes Lachen ist nirgendwo mehr zu hören.

Mir zittern die Beine, wenn ich daran denke, mich in ein Flugzeug zu setzen, um nach dir zu schauen.

Ich hab weit weg von dir, hier in Deutschland, Freunde und eine Familie gefunden. Ich weiß nicht, ob du es mir verzeihen kannst.

Die ewige Liebe, die ich dir versprach, konnte ich nicht halten.

Meine kleinen Finger, die deine Straßen bemalt haben. Sie sind jetzt groß und schreiben andere Sprachen, die du nicht verstehst.

Es fühlt sich wie Verrat an. Ich will dich nicht als Verräter besuchen. Nein, sondern als dein ehemaliges Kind.

Kannst du mir bitte verzeihen?

Bitte antworte mir – Damaskus.

Befreie mich bitte von all diesen Schuldgefühlen!

Ghamkin

Zerbrechlich

Vielleicht bin ich jetzt schwach, verliere, oder kann mich selbst nicht mehr davon überzeugen, dass ich nicht verlieren und niemals verlieren werde.

Es war nicht das erste Mal, dass ich mich ansprach, und ich hatte Schmerzen, als ich mich an den ersten Misserfolg in meinem Leben erinnerte, den ich durchgemacht habe. Ich erinnere mich daran, als der Misserfolg wieder eingedrungen war, oder vielleicht ist es derselbe Misserfolg, der sich immer wieder wiederholt, um sich wieder an mir zu rächen. Rache, um alle Erfolgsversuche in mir nieder zu schmettern. Rache, um alle Phasen des Glücks zu vereiteln, die ich durchgemacht habe. Meine Schwäche, die mich nicht verlässt. Wenn ich erfolgreich bin, ist mein Versagen, dass ich nicht alleine abwandern kann, ohne meine Träume zu stören.

Ich werde nicht ausschließen, dass meine Schwäche mich zu dem gemacht hat, was ich jetzt bin. Die Angst vor meiner Schwäche und meinem Versagen haben mich nicht mehr erkennen lassen, was um mich herum ist. Ich habe voll und ganz erkannt, wer ich bin. Ich habe voll und ganz erkannt, dass alle Erfolgsgeschichten von Menschen mit beeindruckenden Erfolgen aus Angst vor Versagen, und Versagen, nichts zu sein, entsprungen sind. Die Angst, dass du an jeder Station und in jedem Stadium deines Lebens ein Versager sein wirst, die Angst, dass du nicht mehr als nur eine Person mit Namen, Identität und Nummer bist, die man kennt, wenn du zufällig auf der Straße stirbst. Sie erkennen dich weder aufgrund deiner zerbrechlichen Gesichtszüge, noch aufgrund deiner Erfolgsgeschichten. Ängstlich, weil alles was er erlebte, eine Illusion war und weil alles, was er schaute, zerbrechlich war. Zerbrechlich, wie unsere Herzen.

Mein Versagen und meine Schwäche sind meine Inspiration und mein Erfolg. Ich habe Angst, dass ich keinen Erfolg haben werde. Ich habe Angst, dass ich nichts sein werde. Meine Schwäche ist mein Erfolg und mein Erfolg liegt in meiner Schwäche.

Aya

Briefe

Hallo, meine beste Freundin Batoul,
wie geht's Dir? Ich hoffe Dir geht es gut und Du bist gesund.
Mir geht's im Moment gut.
Aber ich vermisse Dich sehr.
Ich habe schwere Zeiten durchgemacht, Du warst nicht bei mir, aber Du warst immer in meinen Gedanken.
Deine Worte geben mir immer Kraft, wenn ich schwach bin.
Du bist wie ein Soldat, der immer bereitsteht.
Du lässt Dich nicht unterkriegen.
Ich habe jetzt das Zeugnis nach Klasse Zehn geschafft. Und ich lerne Klavier.
Außerdem bin ich jetzt bei einem Schreibprojekt.
Erinnerst du Dich, als ich in Syrien war, wie wir zusammen von Erfolg geträumt haben?
Wie wir träumten, zusammen nach Europa zu gehen, um zusammen zu studieren?
Mein Glück war, nach Europa zu gehen, aber leider ist es ohne Dich.
Ich fühle mich hier ohne Dich einsam.
Unser Traum war es, alles zusammen zu schaffen, aber leider schaffe ich hier alles allein.
Das ist okay, solange mein Leben hier gut verläuft. Aber es wäre besser, wenn Du mit mir hier wärst.
Trotzdem habe ich die Hoffnung, dass wir uns eines Tages treffen werden. Und, dass wir hier etwas zusammen machen.
Ich bin einfach froh, dass ich eine beste Freundin wie Dich habe. Wir haben uns seit sieben Jahren nicht gesehen und bis jetzt hatte ich keine Freunde, die mich wie Du verstehen. In meinen schlechten Zeiten warst Du immer neben mir.
Ich bewundere Deine Klugheit. Du gibst mir Selbstbewusstsein.
Ich hoffe, dass Du Deinen Traum erreichst und eine großartige Journalistin wirst,

genauso, wie Du es immer gewünscht hast. Weil Du echt kreativ bist.
Ich bin wirklich gespannt, wie es Dir geht. Und wie es bei Dir läuft.
Ich hoffe, Du antwortest mir so schnell wie möglich.

Mit großer Liebe

Aya

◇◇

Hallo mein Schatz Aya,

Deine Nachricht hat mich sehr gefreut.
Und gut, dass es Dir gut geht.
Mir geht es auch gut, aber leider ist die Situation in unserem Land nicht gut.
Alles ist teuer, und der Krieg geht weiter.
Viele Menschen sterben ohne Schuld, und die meisten Menschen haben ihre Häuser verloren.
In jedem Haus gibt es eine vermisste Person aus der Familie, alle sind wirklich sehr traurig und müde.
Die Menschen können kein Geld verdienen, um Essen zu bekommen.
Aber trotzdem studiere ich noch die Medien, und ich bin jetzt im zweiten Jahr in der Universität.
Ich wünschte immer, Du wärest bei mir, ich vermisse Dich wirklich sehr.
Ich erinnere mich immer, natürlich, an unsere Träume, die wir hatten.
Wie wir uns immer regelmäßig geschrieben haben und telefonierten.
Ich bin stolz auf Dich, weil Du trotz der schlechten Tage immer stark warst.
Und Du warst immer so lustig und lebensfroh.
Ich könnte nie in Worte fassen, wie viel Du mir bedeutest.
Aber ich will Dir sagen, Du bist ein liebenswürdiges Mädchen, das wir alle brauchen.
Danke, dass Du immer da bist, und Du mir Optimismus gibst.
Bleib immer wie Du bist, und tu, was Du willst.
Und vergiss mich nicht, und schreib mir immer!

Mit großer Liebe!

Batoul

Haya

Manipulieren der Schicksale

Immer wieder frage ich mich, ob wir einfach die Zeit in unserem Leben verbringen, oder ob wir selbst nur unsere eigene Zeit sind, die jeden Tag mehr verschwindet?

Zum ersten Mal sehe ich sichtbar die farblosen Fäden, die von unseren Hälsen bis zum allerhöchsten Himmel verbunden sind. Kleine Tücher begrenzen unsere Sichtweite und verhindern unsere Scharfsinnigkeit.

Wir sehen seltsamerweise alle unterschiedlich, aber irgendwie auch sehr ähnlich!

Das ganze Leben erscheint wie ein Marionettentheater mit vielen Puppen in verschiedenen Farben und Formen.

Jeder rennt auf seinem eigenen Weg, eingespannt, aber am Ende führen die Wege alle zum gleichen Ort: inmitten eines großen Teufelskreises, in dem wir alle ineinander herumtappen.

Jeder sucht nach dem richtigen Weg zur Rettung, als gäbe es nur einen!

Die Hände hinter den Vorhängen der Bühne ziehen uns immer zurück, zum Ausgangspunkt. Jedoch gleichzeitig zwingen sie uns zur Bewegung.

Die Frage läuft immer noch in meinem Korridor des Geistes: „Welche Rolle spielen wir in diesem Chaos?"

Sind wir wirklich nur Marionetten, die von heimlichen Kräften geführt werden? Oder sind das nur sogenannte „Schicksale"?

Gihad

Fremdheit

Nach vielen Jahren des sogenannten „Arabischen Frühlings", nach vielen Jahren Kampf für Neuerung und gegen Erbärmlichkeit, Schmerz, Trauer und Traurigkeit, sehe ich Folgen:

Der sogenannte „arabische Frühling" riss die Blätter des Baumes Heimat ab, ließ den Baum so nackt, so einsam, so im Stich gelassen, wie nie zuvor! Eine schreckliche Zeit.

Den Himmel hat er mit Traurigkeit bedeckt, die Sonne mit Schmerz, denn ihr Aufgang erinnerte an Menschen, deren Sonne für immer untergegangen ist. Denn sie sind nicht mehr da…

Dieser Frühling des Jahres 2011 hatte nicht die Merkmale eines Frühlings, keine Blätter wuchsen neu. Da waren keine schönen Farben in den Wäldern, und vor allem: da war keine warme Sonne.

Blätter fielen herunter, Bäume wurden zerstört, Blumen haben den Weg nach Damaskus nicht mehr gefunden…

Der Frühling wurde zu Herbst, wurde zu Winter.

Immer mehr und mehr erreichte der Krieg größere Teile Syriens, größere Teile von Damaskus. Und nahm mir alles weg. Des Öfteren musste ich mit meinen Eltern und meinem Bruder von einem in einen anderen Stadtteil umziehen. Mein Bruder und meine Eltern erfassten nicht mein Verständnis von Familie.

Dafür fehlten Opa, Oma, Tanten, Onkel, Cousins und Cousinen. Jedoch, an so ein Zusammenkommen war im Krieg nicht im Traum zu denken. Auf dem Weg zu einem Versuch, einer gewissen Normalität und Gewöhnung, scheiterte ich. Denn der neue Umzug war schneller als ich. Damaskus schien mir nun so fremd, so fremd wie keine andere Stadt in dieser Welt. Viele neue Schulen, Menschen, Straßen, Gassen. Irgendwann war mir Damaskus, dass ich nicht mehr wusste, wo ich jetzt bin. Der seelische Kontakt zu Damaskus ging verloren. Ich lief auf den Straßen von Damaskus, als ob ich zum ersten Mal darauf lief. Die laute Musik wurde von den Lauten des Krieges übertönt. Die Musik wurde überhört und vergessen. Das Leben kam mir vor, als befände ich mich in einem Film. Nicht realisierbar, nicht real, nicht wirklich, nicht bunt. Alles nur in einer Farbe, in der Farbe des Krieges. Es war einfach nicht mehr meine Stadt. Nicht mehr mein Damaskus.

Ich fühlte mich so fremd, so zerrissen, so unbekannt, so einsam, dass ich mich gleich auf den Weg machte… dessen Ende ungewiss ist, und suchte nach einer neuen Heimat. Auf Wiedersehen Damaskus.

Mohammad A.

Gegenseitige Integration

Integration ist ein langwieriger Prozess, welcher die Zusammenarbeit jedes Einzelnen unserer Gesellschaft benötigt.

Gegenseitige Integration fördert das friedliche Zusammenleben und die Entwicklung einer modernen Gesellschaft, die das rechtsorientierte Denken mindert.

Gegenseitige Integration lässt sich jedoch ohne das gegenseitige Verständnis und die Hilfsbereitschaft auf allen Ebenen nicht erfüllen.

Die Gesellschaft erwartet von mir als Geflüchteter die Beherrschung der Landessprache, das Ankommen auf dem Arbeitsmarkt, mich an die Regeln zu halten und die Gesetze zu respektieren. Die gegenseitige Akzeptanz und Toleranz der Traditionen und Religion. All diese genannten Aspekte lassen sich erfüllen, wenn die Gesellschaft dies will und mit Wollen meine ich aktives Wollen und Mitwirken.

2015 haben wir diese ideale Gesellschaft beobachtet und schnelle Ergebnisse erzielt. Doch nach und nach ließ diese ideale Gesellschaft nach. Eine teilweise rechtsorientierte Bewegung, die zu Polarisierung und Zerstörung dieser idealen Gesellschaft beitrug, war uns überlegen.

Doch trotzdem haben ganz viele Geflüchtete nicht aufgegeben, ihren gesellschaftlichen Verpflichtungen nachzugehen. So haben viele geflüchtete Schüler sich idealerweise in den deutschen Schulen bewiesen.

2020 hat eine syrische Schülerin das deutsche Abitur mit einem 1,0er Durchschnitt abgeschlossen. Auf dem Arbeitsmarkt haben mehr als 60 Prozent eine Arbeit gefunden und zahlen ihren Beitrag an Steuern. Besonders viele machen eine Ausbildung im Gesundheitswesen. Sie stärken das Gesundheitssystem und mittlerweile müsste jeder wissen, wie wichtig das ist, ein gesundes Gesundheitssystem zu haben.

Doch nun müssen wir die ideale Gesellschaft wieder wachrütteln und sie wieder stärken. Dabei spielen der Sozialstaat und die Medien die wichtigste Rolle, sodass die gegenseitige Integration bestmöglich nach der Corona-Krise, die hoffentlich bald vorbei ist, wieder auf den Beinen steht. Eine gesellschaftliche Impfung brauchen wir gegen diese teilweise rechtsorientierte Bewegung.

Unsere Medien sollen ihre Recherchearbeit anpassen und mehr über die Erfolge der Geflüchteten berichten.

Unsere Politiker sollen ihre Integrationspolitik nachhaltig entwickeln und die Förderungen nicht vernachlässigen. Wir brauchen mehr Projekte im kulturellen Bereich, mehr Aufklärungsarbeit über die Folgen eines rechtsorientierten Sozialstaates. Wir brauchen mehr Miteinander anstatt übereinander.

Ich appelliere somit an jeden Mitbürger unserer Gesellschaft sich zu engagieren, seine gesellschaftliche Aufgabe gegenüber Geflüchteten zu erfüllen: „Dieses Engagement kostet Sie nicht viel, doch sein Mehrwert ist für die ganze Gesellschaft ungeheuer viel. Eine kleine Hilfe wirkt viel. Suchen Sie mit ihrem geflüchteten Nachbarn eine Ausbildungsstelle. Reden Sie mit ihm und lassen Sie ihn sich als Teil dieser Gesellschaft fühlen, dies unterstützt sein Selbstbewusstsein, welches er als ‚Fremder' womöglich verloren hat. Feiern Sie mit ihm Ihre Feste und fragen Sie ihn über seine Feste."

Eine geimpfte Gesellschaft gegen das rechtsorientierte Virus, welches über die letzen sechs Jahre mutiert und sich verbreitet, benötigen wir. Gemeinsam schaffen wir eine starke und gesunde Gesellschaft.

Sara

Hunger

Sie haben Hunger
Ihre Augen funkeln vor Hunger
Ihre Hände sind wie Messer und Gabel
Sie dringen in mich ein
Ich bin tausend und einhundert Pfund frisches Fleisch
Ihre Augen funkeln mich an
Und dann nehmen sie mir den Appetit
Sie nageln meine Handgelenke
Als ich anfange nach meiner Mutter zu schreien
Sie verderben mich
Alles in mir zieht sich zusammen
Mein Ich versteckt sich in der obersten Ecke meines Verstandes
Alles in mir kämpft dagegen an, wehrt sich
Und jedes Atom in mir schreit
Aber der Raum ist still
Sie machen mich stumm
Ich verstehe nicht warum
Sie sind doch taub
Denn sie hören mein „Nein" nicht
Sie bemerken mein Schluchzen nicht
Sie sehen mir in meine Augen
Sie entdecken meine Hilflosigkeit
Sie vernehmen mich weniger als ich sie spüre
Mein kleiner, zierlicher, liebevoller Körper
Zerfällt lieblos unter jeder Berührung

Meine volle, weiche, duftende Haut
Zergeht fließend auf den Boden
Sie sind der Nachtmahr, der nun auf meinem kleinen Herzen sitzt, es zerquetscht
Und wie schwarzer Lebenssaft aus jedem meiner Löcher trieft
Meine Lippen haben nicht mehr die Farbe deren Blutes
Sie sind rau und blau, wie die Flecken auf meiner Haut
Der Rest meiner seidigen und sanften Haut ist rissig und blutig
Weil ich beim Baden zu hart zu mir bin
Und den Dreck nicht rausbekomme
Ich weiche meine Haut ein
In fast kochend heißem Wasser mit Shampoo und Desinfektionsmittel
Genau so wie es mir meine Mama bei dreckiger Kleidung beigebracht hat
Aber der Schmutz lässt sich nicht abwaschen
Er wird ein Teil von mir
Zeit hat keine Bedeutung mehr
Stundenlang mariniere ich meinen Körper
Einsäuern, einlegen, schrubben
Sie sind in mich eingetaucht
Und ich tauche ein in das verbrannte Wasser

Yussra

Untergang

Geht es Dir gut?

Das ist die siebte Nachricht, die ich Dir schreibe, auf die ich keine Antwort bekomme…
Ich glaube, meine Nachrichten kommen in den Himmel nicht rein, aber vielleicht auch doch! Vielleicht kann ich nur deshalb Deine Nachrichten nicht bekommen, weil die Engel mich nicht erreichen können. Sie können nur mit freien Seelen reden. Aber meine Seele ist von meinem Körper getrennt und mein Körper ist gemacht von einem Satan. Du aber bist nicht mehr auf dieser schwarzen Erde. Und das ist toll!

Ich habe davon geträumt, eine faire Freundschaft zu haben. Eine tiefe, faire freundschaftliche Beziehung.

Aber sie lauern auf mich, sie beobachten mich, als ob ich eine Sünde sei.

Ich bin hier angegriffen und schwach.

Ich wurde immer verurteilt. Ich sei hier entweder zu streng oder zu schlampig.

Ich schreibe Dir von einem Strand aus und betrachte die geschmolzene Sonne im Meer, und das ist das Schönste was ich je gesehen habe! Genau! Ich bin dieser Untergang! Ich bin die Sonne im Meer, ich bin nicht das Wasser und nicht das Feuer, und ich kann nicht auf der Erde und auch nicht im Himmel leben! Ich kann mich nirgendwo anpassen! Ich hatte ein paar Mal den Gedanken, ins kalte Meer einzutauchen! Der Sonne entgegen. Ich weiß, wenn ich ertrinke, vielleicht kann dieser Untergang meine Seele befreien! Aber kannst Du oben fragen, ob auch das eine Sünde ist?

Ich hab dich lieb!

Yussra

Hallo Yussra!

Ich kann Dir nicht alles beantworten. Ich kann Dir nur sagen, dass ich in Dir eine Frau des Mittelalters sehe! Ich sehe in Dir ein altes erhabenes Gemälde!
Ich sehe Dich. Und ich wünsche, wir hätten ein Zelt. Genau da, wo Du gerade stehst! Ein starkes Zelt, das in Richtung des Meeres steht. Nur für uns beide! Für unsere Freundschaft.
Ich hasse Angst und ich hasse Deine Angst. Du musst Dich nicht verstecken. Ich brauche Dich, stark wie ein alter Baum, der nie umfällt.
Sei Du selbst, sei Deine Überzeugung, sei Deine Bedürfnislosigkeit.
Spalte Dich nicht auf, wie alle, und sei nicht zwei Seelen in einem Körper: Die eine ist frei und die andere ist eine Sklave! Sei nicht ehrlich und lügend gleichzeitig. Sei nicht ängstlich und tapfer zugleich! Denn das sind die anderen! Laufe ruhig zu auf ihre scharfen Blicke! Deine Stärke kommt aus Deinen eigenen Gesetzen – und nicht aus ihren oberflächlichen, blinden Gesetzen!

Yussra

Stunde Null

Hallo, ich bin's wieder.

Ist alles gut bei Dir? Wie fühlst Du Dich? Ich fühle mich belastet, ich fühle mich ausgenutzt. Ich sehe sie immer noch an meinem Körper, die tun mir noch immer weh. Ich frage die anderen, ob sie die roten Flecken auch sehen.

Sie meinen Nein! Sie sagen, ich sei wie immer, weiß und blass.

Doch ich fühle sie immer noch an meinem Handgelenk. Sie tun mir immer noch weh. Doch die anderen meinen, da ist nichts, aber Deine Fingerabdrücke stechen aus meinem Körper hervor.

Tick-Tack, Tick-Tack.

Alles dreht sich um diese Takte. Nur diese höre ich seit fünf Stunden. Zwischen den vier Wänden. Alles ist weiß, alles ist kalt. Ich bin mit den Geräten verbunden. Sie haben auch einen Takt, aber der gefällt mir nicht. Ich habe den alten, traurigen, gewöhnlichen Takt vermisst, und den hässlichen, wohlbekanntesten der Welt.

Ich dachte Du bist anders. Du hast gesagt, Du bist anders. Du würdest nicht zu denen gehören. Aber es gibt keinen Unterschied zwischen euch. Ihr habt nur andere Namen.

Denkst Du, sie werden Deine Spuren an meinem Körper finden? Sie lassen mich wohl wie immer los und sagen: „Wir finden nichts Auffälliges. Gehen Sie nach Hause und ruhen Sie sich aus!"

Denkst Du, ich kann mich dann ausruhen? Meine Zukunft war nicht so geplant: nichts als Niederlagen für spätere Erinnerungen. Die Wände waren auch nicht so: nicht eine zwei Meter lange Hölle!

Ich schreibe Dir diesen Brief aus dieser weißen Hölle und hoffe, sie finden was, um Dich zu verurteilen.

Doch falls ich Dich wiedersehe, werde ich nicht wissen, was ich sagen soll. Vielleicht schreie ich Dich an und laufe weg, um meinen eigenen Takt zu reduzieren. Meinen Takt werde ich spielen bis zur Stunde Null.

Ghamkin

Corona

Der siebte Tag der Quarantäne.

Ein Tag so verstreut, mit allem, was das Wort bedeutet.

Ich setzte mich unter Quarantäne, nachdem ich festgestellt hatte, dass es zwei Fälle des Corona-Virus in der Klinik, in der ich gearbeitet habe, gab.

Mein Tag beginnt um 11 Uhr. Mein Tag beginnt zu spät, viel zu spät. Es gibt nichts, was ich tun kann außer mich selbst zu beobachten, zwei Wochen lang.

Neben mir steht ein Weinglas ohne Alkohol nach dem Mittagessen um 15 Uhr.

Allein beobachte ich die Welt auf meinem kleinen Bildschirm, der mein Handy ist. Ich schaue mir alle Nachrichten um mich herum an und fange an zu lachen, wegen einem Witz, den ich in den sozialen Medien sah. Plötzlich ändern sich meine Gesichtszüge, als ich das Leiden Italiens und was dort geschieht sehe.

Die Musik wendet sich während meines Aufenthalts zu Hause nicht von mir ab. Verlass mich nicht bis zum Abend. Während meines 24-Stunden-Aufenthalts zu Hause beobachte ich in der Wohnung alles um mich herum.

Ich entdeckte, dass meine kleine Pflanze in meinem Zimmer mehrere Tage lang unbewässert war. Sie warf ihre Blätter ab und ich bedauerte meine Beschäftigung mit Nichts. Diese kleine Pflanze bekam nun zwei Stunden lang meine Aufmerksamkeit, während ich ihrer Schönheit zusah, wie sie nach dem Gießen zu ihr zurückkehren konnte.

Mein Tag ist verstreut, wie die Worte, die ich schreibe.

Meine Tage haben keine Routine, genauso wie die Tage des Krieges, die ich in Syrien erlebt habe.

In Syrien versteckten wir uns gezwungen zu Hause und hatten Angst vor Draußen und fürchteten, dass eine verdammte Kugel uns trifft. Hier habe ich Angst, infiziert zu werden, eine Infektionsquelle für andere zu sein und diesmal selbst die verdammte Kugel für andere zu sein.

Ich habe keine Angst, ich bin nur besorgt um die anderen um mich herum, das habe ich mir die ganze Zeit hier zu Hause gesagt.

Abends werde ich wieder ein Glas alkoholfreies Bier trinken. Und manchmal schaue ich mir meine kleine Pflanze an, mit der ich mich nach langer Beschäftigung angefreundet habe.

Manchmal beobachte ich die Welt von meinem kleinen Handydisplay aus.

Mein Tagesablauf ist wie vor fünf Jahren in Syrien. Er ist voller Gedanken und Sorgen, obwohl ich nichts tun kann, außer meine kleine Pflanze und den Bildschirm meines Telefons zu beobachten und mein Zimmer aufzuräumen, wenn ich bemerke, dass ich mich ein wenig bewegen muss.

Sogar die Stunden meines Tages betrügen mich und sind etwas langsam.

Wenn ich nachts schlafen gehe und das Fenster meines Zimmers und die Sterne beobachte, spüre ich, wie meine Pflanze sagt: „Wo ist die Sonne, warum ist sie verschwunden? Ich brauche die Sonne."

Und ich sage ihr: „Moment mal, wir Menschen brauchen auch die Welt, die zu ihrer Normalität zurückkehrt, also sei nicht egoistisch, mein Freund."

Adnan

Zurückgezogenheit

Oft brauche ich nichts, als allein mit mir zu sein, mit mir selbst und mit meiner Seele, um die verlorenen und zerbrochenen Teile meiner Seele zu sammeln. Also bleibe ich lieber allein und versuche meine Seele vor dem Feuer zu retten, bevor sie vollständig zu Asche wird.

Wenn ich sehr schwach und entmutigt bin, als wäre ich in einem riesigen, schwarzen Labyrinth verloren, flüchte ich zur Isolation und ziehe mich von allem zurück, auch von meinen engsten Freunden.

Mein Interesse an allem um mich herum nimmt ab. Ich gewinne Kraft und sammle meine verlorenen Stücke nach dieser Zurückgezogenheit ein. Ich bin nicht mehr dieselbe Person, die den Raum betreten und die Tür für eine lange Zeit geschlossen hat. Vielmehr komme ich als eine andere, stärkere Person wieder heraus.

Die Zurückgezogenheit ist also mein bester Freund. Immer wenn ich zu ihm gehe, kehre ich als eine reife Person, die genau weiß, was sie in diesem Leben will, zurück.

Und es ist eine Person, die die Zukunft immer mit neuer Hoffnung sieht.

Aya

Rückkehr

Ist es nicht der Zeitpunkt für Deine Rückkehr? Ist es nicht Zeit für Deine Rückkehr? Ich leugne nicht, nicht zu wissen, wie viel Zeit vergangen ist, seit Deiner Abwesenheit. Weil ich nicht gut darin bin, mir die genauen Datumsangaben zu merken.

Diese Tage und Monate, die in unserer Erinnerung gefangen bleiben, sind voller Trost, der uns umgibt, wenn die Tage uns das Band der Erinnerungen an meinen Vater zurückbringen...

Deine Abwesenheit hat den Frühling meines Herzens zum Herbst gemacht. Sogar bis heute fühle ich den Klang Deines Lachens und Deine große Angst.

Erinnerst du Dich an den Zorn meiner Mutter, wegen Deines ständigen Wunsches, mich überall hin zu begleiten, um meine Kraft und meinen Mut zu festigen?

Erinnerst du Dich, wie sehr Du gespannt warst auf meinen 20. Geburtstag, um Deine junge Tochter zu feiern? Ich bin groß geworden, mein Vater und meine Welt ist in Deiner Abwesenheit 20 Jahre alt geworden, mein Geburtstag ist ein finsterer Tag geworden... Ich hasse es wirklich, dass mein Geburtstag kam, als Du weg warst.

Ich leugne nicht, wie sehr meine Seele zerschmettert und meine Flügel des Mitgefühls durch die Länge Deiner Abwesenheit gebrochen wurden. Aber ich versuche, seit Deiner Abwesenheit aus meiner Sehnsucht Stärke zu machen.

Und ich habe Dir versprochen, dass ich immer in meiner Stärke und Standhaftigkeit verharren werde... und dass ich meine Schwäche nicht vor Euch zeigen werde. Aber es ist ein schweres Versprechen in Deiner Abwesenheit.

Ich habe Dir viel zu sagen. Ich rede jede Nacht mit Dir. Wenn Du in meinem Traum erscheinst, freut sich mein Herz so sehr. Besuche mich immer. Meine Leidenschaft ist zurück in deiner Vision.

Ich frage mich immer, ob der Mensch in seinem Ursprung schwach und sensibel ist...?

Oder bin ich sensibler wegen Deiner Abwesenheit, wie sie mir es immer sagen!?

Es fällt mir schwer, mich zweimal von Deiner Zugehörigkeit abzuwenden...
"Mein Land" und "Du".

Aya

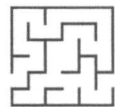

Adnan

Alles auf einmal verlieren

Während du alles auf einmal verlierst: Vertrauen, Hoffnung, die Menschen um dich herum!

Es bleibt nichts als Einheit... Die Minuten des Verlustes machen mich sehr schwach. Es ist eine der schwersten Arten von Schwäche, die ich habe, der Verlust von Seele und Selbst, im Labyrinth der Zufriedenheit.

Hat Zufriedenheit zwei Plätze in einem Leben voller Verlust?

Verlust ist eines der schwierigsten Dinge, die uns in diesem Leben passieren können, da es ein tödlicher Pfeil ist, der unsere verlorenen Seelen trifft, Trauer und Schmerz in unsere Herzen sendet und unser Leben trostlos und bedeutungslos macht. Denn unsere Seelen haben sich getrennt, nachdem wir uns getroffen haben.

Dieser Verlust war ein Erdbeben, das die Türen unserer schwarzen Erinnerungen öffnet und von unseren Wunden singt.

Gihad

Phänomene

Dieser Text geht einem Phänomen auf den Grund und erklärt Unsichtbares für viele.
Unsere Gesellschaft ist von ganz vielen Faktoren und Ereignissen geprägt, eins davon ist das Gastarbeiter-Werbeabkommen, was bereits Jahrzehnte zurückliegt. Jedoch sind seine Spuren bis heute sichtbar und prägend in der Gesellschaft.
Zwischen Temperament und Aggressivität ist die Grenze verschwommen. Jedoch liegen in den beiden Begriffen große Unterschiede.
Seit langem frage ich mich: Inwiefern bedingen Erziehung und das soziale Umfeld das teilweise aggressive Verhalten mancher südländischen Männer.
Das Temperamentvolle kam mir im Nahen Osten nicht aggressiv vor, aber ich muss sagen, ich hatte keinen Vergleich, um sagen zu können, ob es aggressiv ist. Nach einer Weile meines Aufenthalts in Deutschland – Konfrontationen und Beobachtungen, ist mir klar geworden, dass das Verhalten mancher „Südländer" hier in Deutschland teilweise aggressiv ist.
Es ist klarzustellen, dass die Gründe nicht genetisch oder ethnisch bedingt sind.
Das Verhalten wurde beeinflusst von den Lebensbedingungen der Gastarbeiter. Sie konnten sich durch Abschirmung und Isolation von der Gesellschaft nicht weiterentwickeln. Die Gastarbeiter lebten separat und hatten keine Möglichkeit die Sprache zu erlernen. Denn die Sprachkurse wurden ausschließlich für Deutsche aus heutigen polnischen Gebieten finanziert. Die Lebensbedingung der Gastarbeiter ist beschämend gewesen, es mangelte an Privatsphäre, sozialen Kontakten und fairer Behandlung.
Weitere Gründe des teilweisen aggressiven Verhaltens lassen sich auf die Erziehungsziele und das Männlichkeitskonzept in nicht so gut gebildeten Familien zurückführen.
Die Erziehungsziele in einer muslimisch geprägten Gesellschaft teilen sich in primäre, sekundäre und tertiäre Erziehungsziele. Das eine oder das andere Ziel ist im Zuge der Migration in Deutschland entstanden, denn sie dienten zum Überleben in der Fremde

97

aus der Sicht vieler Gastarbeiter auch noch nach Jahrzehnten.

Eins dieser hier in Deutschland entstandenen Ziele ist die Erziehung zur Zusammengehörigkeit, denn hier in einer Isolation und Abschirmung ist das Zusammenhalten sehr wichtig. Sie wuchsen zusammen mit der Vorstellung, durch das Zusammenhalten die Fremde zu überwältigen, jedoch ist die Fremde das neue Zuhause, indem man sich immer noch nicht kennt. Das Überwältigen der Fremde sollte durch das Erlernen der Sprache geschehen und nicht durch Bilden von Parallelgesellschaften neben der bestehenden Gesellschaft. Dies war aber nicht gegeben. Die Gastarbeiter haben keine Kurse bekommen. Was noch zu bedenken ist, dass das Internet zu dieser Zeit noch nicht existierte. So konnte die deutsche Sprache auch nicht zu Hause übers Internet erlernt werden. So ist der Vorwurf ausgeräumt, dass man die Sprache eigenständig zu Hause lernen konnte. So verloren ganz viele Kindergastarbeiter den Anschluss an die Gesellschaft.

Die Erziehung zum Lernen und Leistungsstreben ist ebenso ein Ziel, das hier in Deutschland entstanden ist. Viele Eltern mit türkischem Migrationshintergrund gaben in einer Befragung an, dass ihre Kinder besser sein müssen und mehr leisten müssen, damit sie dieselbe Anerkennung wie deutsche Kinder für weniger Leistung bekommen. Auch ich musste leider feststellen, dass ich in den Fremdsprachen schlechtere Noten bekam, weil ich in Englisch oder Italienisch einen arabischen Akzent habe. Jedoch finde ich, dass deutsche Kinder ohne Migrationshintergrund auch einen deutschen Akzent in den Fremdsprachen haben. Warum wird das als weniger schlimm gesehen?

Fairerweise muss ich persönlich sagen, dass abgesehen von der Problematik des Akzents in den Fremdsprachen, ich von meinen Lehrerinnen und Lehrern für meine Leistung gelobt und gut unterstützt werde. Ich bekomme oft viel Hilfestellung, um bestimmte Aufgaben zu überwinden und zu üben.

Aufgrund dessen möchte ich in dem Sinne ein Lob an mein Gymnasium aussprechen.

Viele Eltern mit türkischem Migrationshintergrund versuchen die türkische Identität in der Erziehung der Kinder zu verfestigen. Es wird eine Identität für das Kind geschaffen, mit der die Kinder nicht viel anfangen können, denn sie sind nicht in der Türkei geboren und sind dort nur zu Besuch. Diese Identitätsverfestigung der Eltern stellt oft ein Entwicklungshindernis für die Kinder dar.

Was auch Hindernisse für die Kinder darstellt, sind veraltete Traditionen, Normen und Werte, die auch mal Deutschland hatte, die aber irgendwann verabschiedet worden sind. So ein Hindernis ist zum Beispiel die Erziehung zu den traditionellen Rollenbildern, in denen Mädchen weniger zugemutet wird und deren Aufgabe es ist die Keuschheit zu bewahren. Den männlichen Familienmitgliedern wird Verantwortung übertragen. Diese große Verantwortung überfordert viele männliche Jugendliche, aber auch gleichzeitig fühlen sie sich dadurch bestärkt und bestätigt. Dadurch kann Druck entstehen, der zu

Aggression führt.

Durch Erziehungsziele, Lebensbedingungen, Ausländerstatus, mangelnde Bildung kann es zu aggressiven Verhalten bei Jugendlichen kommen.

An diesen Indikatoren sind beide Seiten schuldig.

Haya

Illusorische Briefe

Zu Dir! Mein zwanzigjähriges Fräulein!

Ich sehne mich sehr nach einem Sehen von Dir!

Ich frage mich wie Du jetzt aussiehst? Schleichen noch die Sonnenlichter zwischen der Dunkelheit Deiner langen Haare?

Wie läuft alles so bei Dir?

Hältst Du noch an Deinen unendlichen Träumen so fest? Jene, die Du in Deiner purpurroten Erinnerungskiste gesammelt hast?

Erinnerst Du Dich noch an sie?

Ich bewahre sie sehr sorgfältig auf. Um Deine Jugendlichkeit zu erhalten.

Jede Nacht, in der alle Engel ruhig schlafen, male ich jeden Traum als einen großen Stern.

Dein Himmel ist jetzt ganz mit strahlenden Sternen geschmückt.

Und endlich erkenne ich Dein Gesicht in der Mitte des Himmels, da wo es am glänzendsten ist.

Ich hoffe, dass Du diesen Brief genau an Deinem 20. Geburtstag liest...

Vergiss nicht mir eine Rückmeldung zu schicken.

Liebe Grüße
Deine Kleine

Liebe vergessene Kindheitsseele,

Deine Worte haben mein Inneres hart aufgewühlt!
Ich kann Dich nie vergessen, Dein Brief vom 16. Januar 2010.
Ich schaute dabei sehnsüchtig zurück. Zu dieser Zeit, in der ich zum letzten Mal sehr frei war!
Seit langem habe ich Dich verloren, ohne es zu wollen, und deine Gesichtszüge kann ich kaum noch erkennen.
Die Welt sieht ganz anders aus, als Du damals gedacht hast.
Das Licht kann nur eine unehrliche Aura sein.
Und in der Dunkelheit kannst Du am Besten die Wahrheiten sehen.
Aber mach dir keinen Kopf! Mir geht es echt gut.
Ich bin immer noch auf der Suche nach mir selbst.
Aber irgendwie gibt es noch ein fehlendes Glied.
Und das bist du!

Deine Haya

〰〰〰〰〰〰〰〰〰〰〰〰〰〰〰〰〰〰〰〰

Wohin soll ich nun den Brief schicken, dachte ich mir und lachte mich fast tot!
Ist es schon vorbei? Ist es nur die Vergangenheit…?
Meine Blicke treffen die alte Kiste.
Genau da rein sollen die Briefe!

Nach einiger Zeit, ich öffnete meine Augen zaghaft… „Es war bestimmt ein Albtraum"…
Schnell zu der Kiste…! Es ist doch noch eine Antwort da. Mit zitternden Händen öffne ich sie:

〰〰〰〰〰〰〰〰〰〰〰〰〰〰〰〰〰〰〰〰

Liebe Haya,

ich habe mich sehr gefreut von Dir zu lesen.

Irgendwo, wo es sehr ruhig und dunkel war, lebte ich – für mehrere Jahre, bewusstlos.

Ich habe sie nicht gezählt, die Jahre, da ich keine Lichter mehr sah.

Nun weiß ich, wo ich die ganze Zeit war!

Ich wohne in einer Deiner dunklen tiefen Narben, und die Stimme, die ich immer gehört habe, war Deine freie Seele, die mich befreien wollte.

Deine Nachricht war die selige Hand, auf die ich lange gewartet habe.

Sie öffnete meine Augen wieder, und zieht mich nach oben, wo ich endlich in Deine Augen wieder sehen kann.

Und ewig bleibe ich Dein Schatten, Deine Reflexion, Deine Freiheit und Dein Frieden.

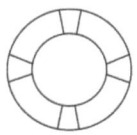

Wagd

Die Rettung

Zu einem Zeitpunkt findest du, selbstversunken im großen Meer, den Erfolg.
Und mit diesem Erfolg bist du nicht zufrieden. Warum?
Weil du erschöpft bist, sehr erschöpft.
Und du kannst nicht mehr schwimmen, du kannst nicht mehr atmen.
Und nach mehreren Versuchen zu überleben, siehst du viele Menschen,
die dich schwächer machen, und viele, die dir helfen.
Erst als du zum Festland kamst, warst du enttäuscht, dass du nichts erledigen kannst,
nur die Erinnerung, wie manche sich gefreut haben.
Und die anderen haben deine Augen mit Tränen gefüllt.
Ich finde es gut, was du vorher gemacht hast,
um respektiert zu werden
Anstatt rückblickend zu bereuen.
Statt zu weinen und zu heulen.
Je mehr du an dich selbst glaubst, desto mehr Träume erreichst du.
Gib nicht auf in diesem Land, du kannst zur nächsten Stufe aufsteigen.
Was mich sehr quält, sind die Details, die alle Menschen interessieren.
Und unwichtige Details, die wir übernommen haben.
Wir übertreiben zuviel, wir sind Gefühlsmenschen.
Wir schaffen es unsere Zeit zu verschwenden.
Damit wir aus dem tobenden Meer überleben können,
sollen wir uns selbst respektieren.

Wajd

Briefe

Liebe Mama,

wie geht es Dir? Ein Jahr ist vorbei, seit unserer Verabschiedung. Erinnerst Du Dich an die letzten Momente, die wir miteinander verbracht haben? Das war am Flughafen in Beirut, als ich einen Abschnitt meines Lebens beendet habe und einen neuen begonnen habe. Du warst die Einzige, die mich mit einer Träne und einem Lächeln verabschiedet hat. Sowas habe ich mir als Kind oft vorgestellt. Aber dann – wurde ich so schnell erwachsen. Es ist, als wären seitdem 10 Jahre oder mehr vergangen.

Ich bin hierhergekommen mit einem Herz voller Gefühle.

Niemand kann sich vorstellen, wie eine 25-Jährige junge Frau so vielfältige Gefühle hat. Manchmal fühle ich mich wie eine erwachsene starke Frau, manchmal schwach wie ein Säugling.

Mama, ich sage Dir, Du hast mich mit verschiedenen Charaktereigenschaften aufgebaut. Ich danke Dir sehr, weil mir das sehr geholfen hat. Als ich nach Deutschland gekommen bin, hat sich mein Leben total verändert.

Ich habe Dich, meine Familie, und Damaskus verlassen. Das tut mir jeden Tag so weh. Besonders wenn ich mir die Fotos ansehe.

Mama, wie geht es unserem Garten, den Bäumen, den Blumen? Und fütterst Du immer noch die Vögel und die Katzen? Was macht mein Zimmer? Meine Gitarre? Und meine Bücher? Wie geht es meinen Schwestern und meinen Brüdern?

Ich warte auf eure Nachrichten!

Schreibt mir bitte schnell.

Liebe Grüße
Deine Tochter Wajd

Liebe Tochter,

ich bin immer stolz auf Dich. Seit einem Jahr warte ich um Dich zu sehen, und ohne meine Hoffnung zu verlieren. Alles, was Du verlassen hast, vermisst dich sehr!

Sage mir, wie ist Dein Leben in Deutschland? Hast du es bereut diese Entscheidung getroffen zu haben?

Läuft alles gut bei Dir? Wie geht es Deinem Mann? – Erzähl mir davon.

Ich warte so sehr auf Deine Antwort.

Liebe Grüße
Deine Mama

◇◇

Liebe Mama,

Mohamed geht es gut. Er arbeitet zurzeit und bereitet sich auf die Kenntnisprüfung vor. Er grüßt Dich herzlich.

Mama, du weißt zwar, dass mein Herz voller Sehnsucht ist, aber das heißt nicht, dass ich es bereut habe, hier zu leben.

Ich bin hier mit großer Energie und Hoffnungen angekommen. Und mit Traurigkeit, weil ich meine Heimat verlassen habe. Doch ich bekam dann eine große Motivation hier neu zu beginnen. Deswegen habe ich von Anfang an die deutsche Sprache gelernt. Auch damit ich meine Meinung klar und deutlich äußern kann.

Leider war das schwieriger, als ich gedacht habe. Die Sprache ist kompliziert. Auch einen Platz im Sprachkurs zu finden, war schwierig.

Dann habe ich festgestellt, je mehr und intensiver ich lerne, desto besser spreche ich. Mohammed hat mir sehr geholfen, einen Plan für mich zu entwerfen. Weißt du, dass wir viele falsche Ansichten über Europa gehabt haben? Ich weiß nicht warum, aber viele Filme, die wir im Fernsehen gesehen haben, sind ganz entgegen der Realität.

Ich habe einen langen Winter mit meinem Mann verbracht. In dieser Zeit haben wir viele Städte besucht. Was mir sehr gefällt, sind die Tätigkeiten der Menschen bei ihrer Arbeit.

Alle arbeiten während der Woche. Und egal, welche Arbeit sie tun, am Wochenende genießen alle ihre Freizeit. Aber das hat einige Zeit gedauert, um mich daran zu gewöhnen, dass der Ruhetag der Sonntag ist, an dem keiner zur Arbeit geht, keine

Geschäfte aufhaben und keine laute Musik zu hören ist. Das hat mich anfangs wirklich gestört.

Mama, erinnerst Du Dich noch, wie ich immer so ungeduldig war?! Hier habe ich gelernt geduldig zu sein. Alles dauert hier länger als gedacht.

Was hier auch noch seltsam ist, ist die Bürokratie. So viele Unterlagen, so viele Maßnahmen, und das alles muss so streng organisiert werden. Das ist zwar kompliziert, aber sicher.

Das Leben hier ist echt ganz anders, als ich es von Syrien her gewohnt bin. Auch habe ich jetzt viel mehr Verantwortung.

Jetzt habe ich so viel erzählt, ohne Dich zu fragen:

Gibt es bei Euch was Neues?

Liebe Grüße
Deine Tochter Wajd

✧✧

Liebe Tochter,

Mir geht es gut, und mit jeder Nachricht, die Du mir schickst, noch mehr.

Ich habe Dich sehr vermisst. Jeden Morgen stehe ich früh auf und dann gehe ich schnell zum Beten. Ich bete, um Dich und Deine Schwestern zu sehen. Die Bedeutung der zunehmenden Entfremdung habe ich schon gespürt, und es den Schwestern auch gesagt. Sie kennen das auch, sagen sie.

Vielleicht sind wir Frauen einfach so, immer abhängig von den Männern – wo sie hingehen, da gehen wir auch hin.

Ich hoffe, dass ich für Dich immer da sein kann. Aber leider, das kann ja nicht passieren, obwohl ich versuche mich ständig mit dir in Verbindung zu setzen.

Manchmal spielt das Telefongespräch zwischen uns eine schlechte Rolle. Weil meine Sehnsucht nach Dir sich dabei immer mehr vergrößert. Mehr und mehr… wenn ich Deine Stimme höre!

Aber es freut mich, was du bis jetzt erreicht hast. Mach weiter und viele Grüße an Deinen Mann!

Liebe Grüße
Deine Mama

Ahmad M.

Schlachtfeld

Jetzt wiederholt es sich alles nochmal. Aber dieses Mal gibt es etwas anderes. Anders als damals. Auch ein Ausnahmezustand, oder besser gesagt, eine Krise, die nicht nur ein Land lahmgelegt hat, sondern die Welt.

Ihr müsst keine Angst haben. Denn der 3. Weltkrieg ist noch nicht ausgebrochen, soweit ich weiß. Trotzdem sehen wir überall Menschen, die sich bewaffnet haben.

Aufrüstung wird weltweit produziert. Man bereitet sich auf eine sehr große Schlacht vor. Der Feind hat schon seine ersten Truppen geschickt. Sie dringen in uns ein, und versuchen weiterzugehen. Opfer gibt es schon auf allen Seiten. Mit der Zeit steigt die Zahl der Verwundeten. Der Feind ist so schnell, dass wir nicht merken, wo er ist. Überall könnte er sein. Er hat uns gezwungen, die Grenzen zu schließen. Alles, was mit unserem Leben zu tun hat, wurde umgewälzt. Es ist sehr merkwürdig, so fremd und unvorstellbar. Die Schulen, Theater, Fitnessstudios, Büchereien und Geschäfte sind geschlossen. Die erste Reaktion war einfach: alles dicht- alles zumachen!

Unsere Truppen wurden vorbereitet und die Ausrüstungen werden mehr und mehr produziert. Unsere Soldaten haben schon die ersten Truppen des Feindes gestoppt. Sie werden uns weiter bis zum Ende verteidigen. Auf der anderen Seite sieht man, dass viel los ist. Die Natur erholt sich. Weniger Umweltverschmutzung ist in der Luft messbar, und die Menschen wissen jetzt, dass so eine Krise jeden treffen kann. Übrigens haben sie gelernt, das zu schätzen, was sie haben. Vor allem unsere Soldaten, die seit Jahren für ihre Rechte kämpfen.

Und jetzt frage ich euch? Habt ihr unseren Feind und unsere Soldaten erkannt?

Mohammad A.

Nachricht an die Heimat

Eine Nachricht an meine geliebte Heimat: Meine geliebte Perle.

Es sind fünf Jahre her, als ich und viele deiner Kinder dich zwangsweise verlassen haben. Doch bei mir bist du tief in meiner Seele verankert. Wenn ich deinen Namen höre, bekomme ich gemischte Gefühle, so dass mein Körper ein Alarmsignal auslöst. Traurigkeit, Heimweh, Freude, Stolz, Liebe, Aggressionen, Hass, auf die, die dich verletzt haben. Obwohl viele versuchen das Schamgefühl in mir zu implementieren, wenn ich deinen Namen höre, bin ich stolz darauf, auf deinem ehrenvollen Boden geboren worden zu sein.

Der größte Teil meines Daseins ist noch in dir versteckt. Meine schwerverletzte Perle. Meine Identität, mein wahres Lächeln, meine Eltern, ohne die ich mein wahres Lächeln nicht mehr zeigen kann, meine Freunde, meine alte Kleidung, welche meine Mutter immer noch aufbewahrt. Doch nicht nur das, sie sagte mir mal, dass sie meine Jacken trägt, sie halten sie warm und haben meinen Geruch.

Syrien, du hast noch so viel von mir. Ich kann dich nicht loslassen. Uns verbindet sehr vieles.

Ich vermisse deine Luft, die meine Seele bereinigt und meine Nerven beruhigt. Ich vermisse den Geruch deiner Straßen, nachdem es geregnet hat. Ich vermisse den Spaziergang in deinen Gassen, wo Jasmin-Geruch all meine anderen Sinne betäubt und mich den Lärm der hupenden Autos gar nicht wahrnehmen lässt.

Ich vermisse die Schönheit deiner Natur. Die Berge, die mit deinem grünen Mantel gekleidet sind. Oder der unbezahlbare Blick, wenn du dein weißes Kleid trägst. Ich vermisse den Gebetsruf und den Monat des Fastens. Ich vermisse das friedliche Zusammenleben mit all deinen Kindern. Ich vermisse das Lächeln der armen Menschen, die trotz ihrer Armut lächeln. Ich vermisse dich, meine Perle in dem Ozean, bevor dein Wasser rot geworden ist.

Ich werde dich eines Tages aus diesem blutigen Ozean rausholen. Aus diesem Ozean, wo die bösen Haie dich immer und immer wieder verletzen und nicht loslassen wollen. Ich vermisse dich, Syrien, vor diesem gottverfluchten Krieg, der deine Schönheit geraubt hat, dir dein Kleid auszog und somit Zugang für jeden gottverdammten Vergewaltiger zu deiner Jungfräulichkeit gewährt hat.

Vermisst du mich Mama? Ich bin dein Kind, das du 15 Jahre auf deinen Armen getragen hat. Ich wollte dich nie verlassen, aber das Schicksal ist ein mieser Verräter, genau wie diese Haie, die ihr wahres Gesicht nie waschen, sodass sie ihr dreckiges, blutiges, mit Hass verschmiertes Gesicht vor mir nie verstecken können.

Vermisst du mich? Erzähl mir bitte, wie es dir geht?

Mein Kind. Ich bin frustriert, depressiv in meinem nun verdunkelten Perlmutt vergraben, in einem blutigen Ozean. Mein Glanz ist nicht mehr da. Ich bin wertlos schwebend in diesem dreckigen Kreis.

Meine Kinder verlassen mich jeden Tag. Sie flüchten. Die, die mich noch nicht verlassen haben, versuchen mit ihrem sauberen Blut den Ausgleich in diesem blutigen Ozean zu schaffen. Doch ich will kein Blut mehr riechen, kein Blut mehr sehen. Ich will die Klarheit meines Ozeans wiedererkennen. Ich will, dass die Haie von hier verschwinden. Ich will meine Kinder wiederhaben.

Nach Zehn Jahren Kampf mit diesen Haien sind mir all die hässlichsten Begriffe zugeschrieben worden. Ich bin die billige Hure, die ihre Kinder wegstößt. Ich bin die billige Prostituierte, die dank ihren Kindern Chaos in dem riesigen Ozean herstellt. Sie haben mich aus dem Ozean rausgefischt und mich in einen dreckigen Sumpf reingeworfen, wo meine Kinder mich nicht mehr aushalten können.

Das Leid in mir lässt mich kochen. Zündet einen Vulkan, der mein Herz verbrennt und mich nur eines empfinden lässt. Hass gegenüber diesen Haien, die dir alles weggenommen haben, die dich mit ihrem scharfen Revolvergebiss bluten lassen. Das Gefühl, das ich von dir nie geerbt habe. Du hast mir genau das Gegenteil gegeben, nämlich Liebe. Ohne Liebe würde ich nicht leben wollen. Doch diese Haie haben mich mutiert mit ihren chemischen Waffen. Sie haben mich angesteckt mit ihrem Hass. Für diese Haie werde ich mein ganzes Leben dasselbe empfinden.

Meine Mama,

Ich will dir sagen, dass die andere Perle in dem weiten Teil des Ozeanes mir ihre Tür geöffnet hat; nicht nur mir, sondern ganz vielen deiner Kinder. Sie sind bei ihr in Sicherheit.

Ich lebe, seitdem ich dich verlassen habe, bei meiner zweiten Mutter. Fünf Jahre schon. Ich bin bei ihr erwachsen geworden. Bei ihr habe ich meine Identität entwickelt. Bei ihr habe ich meine Hochschulreife gemacht, Freunde gefunden, ein warmes Zuhause, einen Studienplatz, den Führerschein, ihre Sprache. Nicht nur materiell, sondern Werte und Eigenschaften, Freiheit und Sicherheit, Würde und Stolz. Doch Mama, eines Tages werde ich dich mit meiner zweiten Mama vereinen. Denn ihr seid für mich Spiegelbilder. Alles Liebe, meine Mama aus Deutschland.

Gihad

Unvergesslich

Vier Jahre ist es her. Vielleicht sechs oder sieben, wenn das hier irgendwann mal veröffentlicht werden sollte.

Ja, ist es wirklich vier Jahre her, als ich mich von einer hübschen dunkelhäutigen und dunkelhaarigen Frau verabschiedete?

Sie fühlen sich an wie 10 Jahre, denn die Sehnsucht nach ihr ist sehr groß. Aber manchmal fühlt es sich so an, als ob der Abschied nur vier Tage her ist.

Ihre Augen sind schwarz wie die Nacht, aber auch klar wie der Himmel an einem sommerlichen Tag.

Sie war warmherzig, denn sie war eine Mutter, obwohl sie nicht verheiratet war. Maria war sie nicht, aber zumindest genauso heilig und unschuldig wie sie.

Sie stand jedem in Krisen und in Schwierigkeiten bei, und vor allem, wenn man im Schatten der Dunkelheit fremder und böser Mächte stand.

So steht sie seit Jahrzehnten: Stolz und geduldig, trotz Erschütterungen, Schmerz und Schrecken.

Ihre Schönheit wurde durch Konflikte und Hass zerstört. Hass hat ihre Straßen gefüllt.

Die Liebe wurde ins Exil geschickt, bevor sie auf ihren Straßen zu verbluten drohte.

Der Abschied schmerzt jeden Tag und kein Tag schmerzt weniger als der andere.

Eine Wunde, die mich innerlich zerfrisst.

Die Luft und die Straßen in der weit entfernten Fremde machen die Wunde unheilbar und verwandeln sie in eine Narbe.

Die Musik verließ sie, nachdem ihre Gassen und Häuser erstürmt wurden.

Der Schmerz ist furchtbar groß und unvergesslich, er steht mit mir jeden Tag auf, isst und geht wieder ins Bett. So hat er sich zu einem Teil meiner Identität, meiner Gegenwart und meiner Zukunft gemacht.

Der Schmerz dieses Abschieds ist ewig, unausweichlich und unbeschreiblich. Man mag sich wohl fragen, wer ist diese bezaubernde und atemberaubende Frau?

Sie ist Damaskus, die älteste und schönste Stadt unserer Welt.

Dieser schmerzliche Abschied auf ihren Straßen vor Jahren, um 6 Uhr morgens: Da nahm ich den letzten Atemzug ihrer Luft, sah zum letzten Mal das Sonnenlicht und genoss zum letzten Mal ihre Sicherheit und ihren warmen Schoß, auf dem ich 16 Jahre lang saß. Bis zu meinem Abschied.

Fragen

Gihad

Haben sich deine Wünsche und Ziele seit deinem Ankommen in Deutschland verschoben, oder ist alles „halbwegs nach Plan" gegangen? Welche waren es, welche sind es heute?

Gihad: Ich bin mit der Absicht nach Deutschland gekommen, Frieden zu finden und mich frei zu entfalten. Die Suche nach Frieden ist nicht einfach und nicht planbar. So etwas fängt bei einem selbst an und hört bei der gesamten Menschheit auf. Für Frieden muss jeder eine Einstellung haben, anderen friedlich und offen, ohne Vorurteile zu begegnen. Ob ich hier den vollständigen Frieden gefunden habe, kann ich nicht genau beantworten. Denn Rassismus und Chancenungleichheiten trüben manchmal meinen friedlichen Alltag. Ich habe aber Menschen um mich herum, die mir Frieden geben und für mich wie Familie sind.

In Bezug auf die traditionellen und kulturellen Eigenheiten der westlichen Welt, im Vergleich mit der orientalischen – was würdest du dabei besonders hervorheben, was dir dabei als interessant, lustig, hervorragend, unbequem, oder gar ärgerlich erscheint? Konntest, bzw. wolltest du deine alte Tradition mit der deutschen ergänzen, überdenken, ändern?

Gihad: Es gibt große kulturelle Unterschiede, das kann ich nicht leugnen, aber vieles ist sich auch ähnlich. Nicht in Bezug auf die Art und Weise, sondern wegen der Absichten und Haltungen, die dahinter stecken. Die Kulturen sind auch vom Wohlstand und Bildung geprägt. Ich finde die Definition von Familie hier in Deutschland gut und mag die vielen möglichen Familienkonstellationen. Denn man kann auch eine Familie haben, auch wenn die betreffenden Menschen nicht leibliche Verwandte sind. Es gibt zwei Arten von Familien, eine, in der man geboren ist und eine, die man bekommt, wenn man sich öffnet. Ich habe hier eine neue Familie bekommen. Durch meine Erfahrung und meine Erlebnisse habe ich meinen Lebensstil und vieles überdacht. Ich habe mich und meine Kultur durch die deutsche Kultur bereichert und mag diese Mischung aus beiden Kulturen. Und ich kann es mir nicht mehr vorstellen, nur eine der beiden zu haben. So habe ich mir eine eigene Kultur gebildet.

Hat sich deine Einstellung zur islamischen Religion, in Verbindung mit der islamischen Tradition verändert, seit du in Deutschland lebst? Und was hältst du von der christlichen Religion in Verbindung mit der westlichen Kultur – so wie du diese hier in Deutschland mitbekommst und wie sie im Einzelnen gelebt wird? Kannst du deine Religion hier in Deutschland so ausleben, wie du es dir wünschst, oder hast du das Gefühl, dass du in irgendeiner Form von der deutschen Gesellschaft eingeschränkt wirst?

Gihad: Ich finde, die westliche Kultur ist von der christlichen Religion geprägt: Von Weihnachten bis hin zum deutschen Sonntag. Denn so wird er meiner Meinung nach nicht in anderen christlichen Ländern gelebt. Der Sonntag ist sehr christlich geprägt. Alles ist geschlossen und das Leben funktioniert nicht so wie an den übrigen Tagen. Ich finde diese Atmosphäre an den Sonntagen deprimierend. In England haben Lebensmittelgeschäfte auch am Sonntag auf. Der Freitag ist im Islam so wie der Sonntag im Christentum. Allerdings ist es am Freitag im Nahen Osten anders: es ist etwas ruhiger, aber nicht so tot wie in Deutschland. Die Innenstädte sind oft voll und Familien essen gemeinsam, shoppen, oder unternehmen etwas. Ich mag diese Lebendigkeit im Nahen Osten, in Spanien oder Italien. Am Abend war ich meist mit meiner Familie unterwegs in der Stadt oder zum Essen. Manche deutschen Innenstädte sind nicht so lebendig am Abend. Ich führe hier kein religiöses Leben, weder islamisch, noch christlich, ich habe kein Bedürfnis danach. Ich merke es aber bei anderen Freunden, dass sie ihren Islam nicht ausleben können, wie sie es wünschen. Im Ramadan sind keine Erleichterungen und am Freitag ist das Gebet nicht möglich in der Moschee, wenn man arbeitet, studiert oder zur Schule geht. Die Moscheen haben kein Geld, da es keine gesetzliche Reglung für Zuschüsse gibt. Ich fände es besser, wenn sich Moscheen auch durch Steuern finanzieren, wie die Kirchen durch die Kirchensteuern. Und es wäre gut, wenn in Deutschland Muslime am Opferfest und am Zuckerfest vom Gesetzgeber frei bekommen würden. Viele wissen nicht, dass es auch christliche Feiertage in Syrien gibt – die Städte sind an Weihnachten geschmückt und den berufstätigen Christen wird so der Gang zur Kirche am Feiertag ermöglicht.

Wie steht es bei dir mit Familie, Freundschaft oder Liebe?

Gihad: Ich habe Kontakt zu meiner Mama, meinem Vater und zu meinen Geschwistern. Ich habe keinen Kontakt zu weiteren Familienmitgliedern oder zu alten Freunden. Ich finde das schade, jedoch die örtliche Distanz bringt die Gefühle zur Stille. Wenn ich irgendwann wieder nach Syrien zum Besuch fliegen darf, würde ich mich wie ein Fremder fühlen. Ein Kontakt über soziale Netzwerke ist eher schwierig. Ich habe hier eine neue Familie, bestehend aus guten Freunden und Bekannten, gewonnen und ich fühle mich total gut vernetzt. Allerdings fehlt mir meine leibliche Familie.

Was sind deine nächsten Pläne und Wünsche?

Gihad: Ich mache in drei Wochen mein Abitur und fange bald eine Ausbildung im Krankenhaus an. Mein Plan ist, Medizin zu studieren. Ich kann es mir gut vorstellen, später ein Kind zu adoptieren.

Ahmad A.

Als ich mich mit siebzehn Jahren auf den Weg nach Deutschland gemacht habe, war mein erster Gedanke: „Ich muss zum Besseren", „Ich muss von hier verschwinden". Ich will nach Sicherheit streben, nach Stabilität. Ich will nicht gezwungen sein, nach jedem Schulschluss täglich zur Arbeit zu gehen und harte Arbeit zu tun. Ich muss für die Zukunft rechnen, angesichts dessen, wo meine Familie und ich uns befinden. Ich habe damals an nichts anderes gedacht. Nicht an Einsamkeit, nicht an eine neue Sprache und ein neues Land, nicht an die Fremde, sondern an nichts außer: „Von hier weg"! Krieg und relative Armut, das zusammen ist nicht ertragbar! Weder für 17- noch für 60-Jährige, nicht für Frauen, nicht für Männer, nicht für Kinder! Ich wollte meinen achtzehnten Geburtstag nicht an der Front in einem überflüssigen Krieg verbringen, wo alle nicht wissen, warum sie kämpfen. Während andere bei ihren Familien feiern, sich vergnügen, und ihre Wünsche erfüllen. Ich muss an das Mittel denken: Ich habe keine Flügel, die mich ins Ausland tragen und keiner würde mich um Gottes Segen kostenfrei mitnehmen. Also, was jetzt tun?? Weiterarbeiten? Intensiver arbeiten? Auf die Zukunft „bauen"? Ich sagte mir schließlich: Weg mit der Schule, ich muss wie ein Erwachsener denken! Und Geld, Geld ausleihen, soviel wie möglich. Aber wer hat Geld? Wer würde mir welches geben? Wie viel geben? Wer würde mir glauben oder hellsehen können, ob ich ankomme, oder im Meer ertrinke und mit mir das Geld. Schrecklich! Ich musste auf Vertrauen setzen, meine Familie, meine Bekannten und all meine Verbindungen auf die Probe stellen. Ich habe dann das Geld schließlich durch Unterstützung von lieben Menschen, durch Emsigkeit, Fleiß und Arbeit erlangt. Die Menschen haben mir das Geld mit Liebe und Vertrauen gegeben. Wer konnte, der half.
Letztes Sehen, letztes Treffen mit den Eltern vor dem Schleppprozess, wie einige ihn gerne nennen. Vorbei sind wir an mehreren Checkpoints gefahren, ganz normal, wie irgendwelcher andere Tag. Spannung in mir, und eine andere Spannung sah ich bei meinen Eltern. Bei Vater und Mutter völlig verschieden. In mir war die Spannung der Freude, endlich von hier weg zu kommen, während die meiner Eltern ganz anders war. Man konnte sagen, sie schicken ihren Sohn ins Unbekannte.
Angekommen in Deutschland: ein Gefühl von sonderbarem Zustand, Angst mit Freude gemischt. Ich sah Menschen, die ich nicht verstanden habe, jedoch erschien mir ihre

Mimik und Gestik sehr freundlich. Ich sah das Land und dachte plötzlich wieder an die Zukunft. Wo soll ich anfangen? Die Sprache ist nicht einfach, allerdings war ich einer der Glücklichen, die direkt an einer Schule angemeldet wurden. Ich kannte mich mit den Schulformen nicht aus, ich habe mich lediglich auf die Sprache konzentriert, alles andere war zweitrangig. Ich dachte plötzlich an die Eltern, denn ich vermisste sie seit mehreren Monaten. Ich konnte den Familiennachzug leider aufgrund amtlicher Problematiken nicht in Erfüllung bringen. Ich setzte dann auch hier auf die Zukunft, so dass ich durch Fleiß später über das Mittel verfügen könnte, um sie hier hinzuholen.

Über meine fast sechs Jahre in Deutschland habe ich vieles gelernt, Selbstständigkeit, Verantwortung tragen, Autonomie, angemessenes Verhalten und gutes Handeln. Jedoch fehlte mir vieles. Denn besonders mit den Herausforderungen des Abiturs und angesichts der Pandemie wuchs in mir das Gefühl der Einsamkeit, der Angst vor dem, was kommt. Ein Jahr ist uns verloren gegangen, und häufig hatte ich Angst zu versagen. Mir waren die Menschen um mich herum sehr wichtig, ich habe hier sehr gute Beziehungen aufgebaut, Freundschaften und Bekanntschaften. Sie alle haben mir Unterstützung geleistet, auch wenn die meisten oft selbst viel beschäftigt waren. Sie haben sich immer Zeit genommen, um bei mir zu sein. Ich bedauere, dass ich vier Schuljahre meines Lebens hier wiederholen musste. Meine alten Schulkammeraden sind schon Ärzte und Ingenieure. Mit denen habe ich noch Kontakt. Sie wünschen mir immer noch das Beste und drücken mir die Daumen. Das Sehnen nach dem Alten, nach Familie, vor allem aber nach den Eltern wächst in mir jeden Tag, aber ich erkenne langsam, dass ich damit noch lange zu kämpfen habe. Die Eltern sind schon alt und die derzeitige Möglichkeit sie wiederzusehen, ist sehr gering. Eine Gleichung, die schwerer als die Mathe-Prüfung 2021 ist, steht mir noch jahrelang bevor. Auf der anderen Seite bin ich aber dankbar, die Sprache gelernt zu haben, denn umso schneller und besser man sie lernt, desto vertrauter wird einem seine Umgebung. Denn mit dem Erlangen der Sprache sind erstmal die größten Schwierigkeiten beseitigt. Schließlich kann ich sagen, ich habe vieles erreicht und dafür anderes aufgegeben. Ich bin relativ zufrieden mit dem, was geworden ist und werde versuchen, das Beste draus zu machen.

Deutschland als Land und mit seiner Kultur hat mich seit meiner Ankunft sehr beeindruckt. Die Traditionen und die besonderen, häufigen Feste – immerhin vor der Pandemie – haben mir immer ein besonderes Gefühl vermittelt. Freude und Gemeinschaft waren immer die Schlüsselwörter dieser Ereignisse, obwohl ich einer völlig anderen Glaubensgemeinschaft angehöre. Natürlich habe ich mir schon eine Vorstellung davon gemacht, wie ich mich an diese Zeiten anpassen muss, und habe herausgefunden, dass ein Gemisch der westlichen mit den östlichen Kulturen ein sehr schätzbares Kulturgut werden könnte. Auch der Fußball ist hier ein sehr wichtiges Thema, denn der Sport gehört generell zu der deutschen Kultur, wie ich herausgefunden habe. Die Toleranz und das Miteinander sind ein sehr großes Thema in Deutschland und daran wird so gut wie es geht gearbeitet. In Deutschland kann man die Hilfe sowohl von der Kirche als auch von der Moschee bekommen, denn die Zusammenarbeit dieser beiden Institutionen wird sehr unterstützt. Allerdings bleibt ein Funke Angst vor laut werdendem Rechtsextremismus bestehen, weil dieser sich besonders in den vergangenen fünf Jahren stark entwickelt hat, und was uns dazu aufruft, die Zusammenarbeit noch mehr zu intensivieren, und für Toleranz und Offenheit mehr zu plädieren. Natürlich ist der Islam ein Teil von Deutschland und das hat sich besonders in der Pandemie bewiesen, wo Jugendliche, unabhängig von der Religion, sich dazu entschieden haben, älteren Menschen zu helfen. Oder als die Entwickler des Impfstoffes gelobt wurden, wurden sie als Deutsche gelobt und nicht nach deren Glaubensgemeinschaft. Nichtsdestotrotz finden Muslime immer noch Schwierigkeiten bei dem Ausleben ihrer Religion vor. Hinsichtlich der Räumlichkeiten, wo z.B. die staatliche Finanzierung fehlt. Oder hinsichtlich der Kopftuchproblematik, über die immer wieder in den Medien diskutiert wird. Ich finde, dass sich Deutschland generell dem Islam noch ein Stück vertrauter machen sollte, damit sich die Gesellschaft zu einer besseren, stabileren Gesellschaft entwickelt, und das Miteinanderleben unterstützt wird. Und Gruppierungen die einer „Eingeschlossenheit" ähneln, sollten eher vermieden werden.

Für einen Alleinreisenden, der alles hinter sich gelassen hat und geflohen ist, sind die Freunde wie Arterien. Sie sind absolut wichtig für das Klarkommen. Sowohl im Beruf, als auch im sozialen Leben. Ich habe seit meiner Ankunft sehr viele Freunde kennengelernt: im Erstaufnahmelager, bei der Jugendhilfe, in der Schule und sogar über andere Freunde. Ich habe viele von ihnen nicht mehr gesehen und viele kontaktieren mich immer noch. Allerdings nicht mehr so häufig, denn man muss in Deutschland irgendwie hinter dem Leben herlaufen, Beruf, Uni oder in manchen Fällen Umzug, es ist also immer was los. Früher hatte man viel mehr Zeit, denn man musste nicht so vieles machen. Aber im Laufe der Jahre kommen einem viele neue Verpflichtungen, Aufgaben und Interessen hinzu, sodass man nun immer weniger Zeit für soziale Kontakte hat. Deswegen habe ich mir auch einen kleinen Freundeskreis geschaffen, in dem fast alle die gleichen Interessen haben, sodass wir parallel eine gewisse Zeit füreinander haben. Und natürlich kann man sein Vertrauen nicht jedem bedenkenlos schenken. Man muss schon aufpassen, mit wem man Kontakt hält und wen man zum Freund wählt. Ich möchte mich zukünftig um einen Studienplatz bewerben. Aber meine gesellschaftlichen und sozialen Verbindungen möchte ich auch erweitern, neue Menschen kennenlernen und aus meinem Deutsch mehr machen.

Ich bin froh, dass ich endlich mit meinem in Deutschland gemachten Abitur in die Uni darf und studieren kann, was meine Eltern und mich selbst stolz macht. Ich möchte in der Gesellschaft mehr aktiv sein und sie positiv beeinflussen. Ich möchte mit aller Kraft ein Zeichen für die Offenheit setzen und das Für- und Miteinander mit allen Freunden und Freundinnen, Bekannten und Kollegen, Kommilitonen und Kommilitoninnen, stärken und unterstützen. Ich möchte laut schildern, dass jeder seine Chance bekommt und jeder sie gut nutzen sollte.

Ahmad M.

Haben sich deine Wünsche und Ziele seit deinem Ankommen in Deutschland verschoben, oder ist alles „halbwegs nach Plan" gegangen? Welche waren es, welche sind es heute?

Ahmad: Um ehrlich zu sein, meine Hoffnung war, dass ich in Sicherheit und Frieden leben kann. Klar gab es Träume von beruflichem und schulischem Werdegang. Auf der anderen Seite habe ich mir die Gesellschaft in Deutschland ein bisschen anders vorgestellt. Es war für mich nicht das Bild, das man sich in Asien oder in Afrika von Filmen oder dem Fernseher verschafft hat. Wie schon erwähnt, war ich trotzdem ein bisschen überrascht. Mir gefiel vor allem die Arbeitskultur in Deutschland und ich bewundere auch, wie alle hier gut organisiert und strukturiert sind. Aber es war für mich sehr schwierig in der Gesellschaft ein Platz zu finden. Ich musste immer derjenige sein, der den ersten Schritt machen muss, sei es in der Schule, auf dem Arbeitsplatz, oder in der Freizeit. Klar waren die meisten sehr nett und respektvoll. Aber manche waren leider gleichzeitig misstrauisch und voller Vorurteile. Trotz allem habe ich es geschafft wie viele andere neue Ankömmlinge und ich freue mich ein Teil der Gesellschaft zu sein.

In Bezug auf die traditionellen und kulturellen Eigenheiten der westlichen Welt, im Vergleich mit der orientalischen – was würdest du dabei besonders hervorheben, was dir dabei als interessant, lustig, hervorragend, unbequem, oder gar ärgerlich erscheint? Konntest, bzw. wolltest du deine alte Tradition mit der deutschen ergänzen, überdenken, ändern?

Ahmad: Ich fand die Essenskultur sehr schön, mit ihren vielfältigen Traditionen, und die man vor allem zu den Feiertagen erleben kann. Da ich mittlerweile in einer deutschen Bäckerei arbeite, freue ich mich jedes Mal, etwas Neues von Broten, Kuchen und Süßigkeiten zu probieren.
Es ist sehr interessant, wie die Menschen in Europa ihr Leben der Karriere widmen, statt früh eine Familie zu gründen oder zu heiraten. Klar ist die Karriere für mich sehr wichtig, aber die Familie spielt die größte Rolle in meinem Leben. Was ich nicht so toll finde, ist, dass familiäre Beziehungen in Deutschland nachgelassen haben, so scheint es

mir, und was zu gesellschaftlichen Problemen wie Einsamkeit im Alter führen kann.

Hat sich deine Einstellung zur islamischen Religion, in Verbindung mit der islamischen Tradition, verändert, seit du in Deutschland lebst? Und was hältst du von der christlichen Religion in Verbindung mit der westlichen Kultur – so wie du diese hier in Deutschland mitbekommst und wie sie im Einzelnen gelebt wird? Kannst du deine Religion hier in Deutschland so ausleben, wie du es dir wünschst, oder hast du das Gefühl, dass du in irgendeiner Form von der deutschen Gesellschaft eingeschränkt wirst?

Ahmad: Ich lebe die islamische Religion sehr genau in meinem Alltag aus und versuche immer meinen Pflichten als Muslim nachzugehen. Der Islam, den ich auslebe, ist noch der gleiche wie vor 1400 Jahren, und ich finde das gut. Ich komme aus einer Familie, wo alle, egal ob Mädchen oder Jungs, gleichbehandelt werden. Mein Vorbild in diesem Leben ist meine Mutter, die selbst Akademikerin ist und ihr Leben lang einem Beruf nachgegangen ist. Aber leider werden manchmal religiöse Menschen angefeindet und die Religion als Zeichen der Unwissenheit angesehen. Ich komme aus einer kleinen Stadt in Syrien, die auch christliche Bewohner hat. Dort werden die christlichen Feiertage wie in Deutschland gefeiert. Aber die Religion wird, im Gegensatz zu Deutschland, im Alltag ausgelebt. Ich als junger Mann fühle mich nicht eingeschränkt. Aber ich habe eine Sorge, dass z.B., wenn ich einmal eine Familie gegründet habe, meine Tochter oder meine Frau in ihrem Bildungs- oder Berufsleben diskriminiert werden, wenn sie sich entscheiden, ein Kopftuch zu tragen.

Wo und wie siehst du dich in den nächsten fünf bis zehn Jahren?

Ahmad: Ich wünsche mir, dass wir mehr und mehr miteinander reden und in einen konstruktiven Dialog kommen. So bauen wir die Vorurteile ab, verstehen uns besser und können miteinander leben. Es ist sehr schön, ein vielfältiges Leben zu führen. Ich hoffe, dass ich hier studieren, eine Familie gründen kann, um meinen Traum, als Ingenieur zu arbeiten, zu erreichen.

Aya

Aya hat sich in einem Gespräch zu einigen Aspekten, die unser gesamtes Projekt betreffen, geäußert:

„Neben dem Lernen ist mein größter Wunsch, mich weiter ins Positive zu verändern. Wenn ich auf mich so schaue, dann fühle ich mich schon in gewisser Weise stolz auf das, was ich bisher erreicht habe. Und so fühle ich mich immer besser und erfüllt. Ich habe eine schwierige Zeit hinter mich gebracht und bin doch als ein starkes Mädchen hervorgegangen. Von daher denke ich, dass ich meine Wünsche und Ziele zu einem großen Teil erreicht habe.

Man kann Deutschland nicht mit Syrien vergleichen, denn jeder Ort hat seine eigenen traditionellen und kulturellen Ursprünge. Für mich sind beide Kulturen interessant. Ich habe bisher nie darüber nachgedacht, meine alten Traditionen zu ändern und auch deutsche Traditionen zu übernehmen. Jeder Mensch ist mit der Kultur und den Traditionen seiner Heimat aufgewachsen, und diese prägen seine Identität. So habe ich, was meine islamische Religion und die islamische Tradition betrifft, mich nicht geändert. Aber ich habe manche Ideen und Aspekte überprüft und mit mir selbst diskutiert. Das liegt jedoch nicht allein daran, dass ich nach Deutschland gekommen bin, sondern daran, dass ich älter geworden bin und mir Gedanken über den Frieden auf der Welt gemacht habe. Ich respektiere die christliche Religion in Verbindung mit der westlichen Kultur, und meine Religion verpflichtet auch jeden Muslim dazu.

Ich wünsche mir für die Zukunft ein glückliches Leben mit meiner Familie, und ich möchte einmal um die Welt reisen.

Ich habe viele Freundinnen. Mein Wunsch ist es, noch mehr Freundinnen zu haben, damit wir uns gegenseitig helfen können.

Ich fühle mich immer gut, wenn ich Menschen helfen kann, glücklich zu sein.

Ich möchte mich um Waisen kümmern. Außerdem möchte ich, neben meinem Job, islamische Ethik unterrichten, weil es dabei noch so viel zu lernen und zu erfahren gibt, und was man weitergeben kann.

Gerne würde ich auch mehrere Jobs haben, weil ich vieles interessant finde. Im Moment weiß ich aber noch nicht, welchen Beruf ich ergreifen möchte.

In fünf bis zehn Jahren sehe ich mich als eine starke, begeisterte und glückliche Frau. Neben meinem Job werde ich viele Hobbies haben und ich werde gerne anderen Menschen helfen.

Ob ich hier in Deutschland oder in Syrien bin, ist einerlei, weil ich denke, dass mein Schicksal schon von Gott bestimmt wurde. Ich muss mich nur darin bemühen. Deshalb bin ich immer glücklich in meinem Leben, egal, wo ich gerade stehe.

Haya

Wünsche und Ziele:

Teilweise haben sich meine Träume und Wünsche in Deutschland geändert und dies wurde von vielen Dingen beeinflusst zum Beispiel der neuen Kultur, den neuen Freunden, den neuen Horizonten. Und den Erwartungen der Gesellschaft, die ich kennenlernen wollte.

Ich habe manche Pläne auf die Zukunft verschoben und habe mich auf die wichtigsten Ziele fokussiert. Das Erste für mich war, die deutsche Sprache zu beherrschen, und mich in dieser neuen Gesellschaft richtig zu integrieren. Zudem war mir wichtig, mich selbst zu finden und mich in meiner Persönlichkeit zu stärken. Natürlich geht es hier nicht nur darum, meine Fähigkeiten und meine Denkweise zu verbessern, sondern auch, mich seelisch und moralisch zu entwickeln, um meine innere Zufriedenheit zu erreichen. Außerdem habe ich hier bessere Möglichkeiten bekommen, meine Talente und Interessen zu finden und daran zu arbeiten.

Tradition und Kultur:

Multikulturell zu sein ist ganz positiv für mich, wobei ich versuche, so gut es geht, aus diesen beiden verschiedenen Kulturen das jeweils Gute mitzunehmen. Natürlich solange es meinen eigenen menschlichen Prinzipien nicht widerspricht.

So manche positive Eigenheiten, wie z.B. Pünktlichkeit, würde ich gerne aus der westlichen Kultur übernehmen. Hingegen möchte ich die Großzügigkeit und die Hilfsbereitschaft der orientalischen Kultur nicht mehr missen.

Thema Religion:

Sowohl hier in Deutschland als auch in Syrien, lebte ich in einer Gesellschaft, in der mehrere Religionen zusammen friedlich lebten. Toleranz und Empathie sind die wichtigsten Bausteine des Islam und des Christentums.

Eines meiner Ziele war es, meine Religion und andere Religionen tiefer kennenzulernen. Dadurch verstärkte sich der Glaube an meine Religion, doch gleichzeitig tolerierte und respektierte ich alle anderen Religionen.

Meiner Meinung nach kann man jede Religion überall ausüben, wenn man den festen Glauben daran besitzt. Natürlich unter Beachtung der Regeln und Gesetze des jeweiligen Landes. Die Einschränkungen des Kopftuchverbotes für gebildete muslimische Frauen in gewissen Berufspositionen (etwa im öffentlichen Dienst) sind der Kritik würdig.

Familie, Freundschaft, Liebe:
Meine Beziehungen zur Familie, zu Freunden oder dem Lebenspartner stehen nicht unbedingt im direkten Zusammenhang mit meinen Zielen fürs Leben.
Menschen haben verschiedenste Positionen und Erwartungen, mit denen kann man manche Wünsche erfüllen.
Ich möchte meine Familie und meine Freunde immer glücklich machen, ihnen beistehen und sie unterstützen.
Da die Familie für mich an erster Stelle steht, versuche ich für sie immer möglichst viel Zeit und Aufmerksamkeit zu investieren.

Zukunft:
In den nächsten Jahren würde ich gerne viele meiner Träume erreichen.
Ob ich hier in Deutschland, oder in irgendeinem anderen Land bleiben werde, hängt davon ab, welche Möglichkeiten und Chancen ich für meine Karriere bekommen werde.

Mohamad A.

Was hast du für Wünsche und Ziele?

Mohamad: Ein fünfzehnjähriger Syrer, der seine Heimat verlässt, wünscht sich vor allem Sicherheit und gesellschaftliche Akzeptanz.

Mir waren diese beiden Aspekte sehr wichtig, denn gesellschaftliche Akzeptanz ist bei mir genauso wichtig wie Sicherheit. Ich wollte nicht anders behandelt werden. Ich wollte nicht, dass andere mir Mitleid schenken. Ich wollte Menschen neben mir haben, die mir zeigen, wie das Leben in Deutschland funktioniert.

Dank zahlreicher Kurs-Projekte, die ich besuchen durfte, konnte ich mir damals dieses Gefühl der Akzeptanz selbst schenken, Freunde kennenlernen, mir eine kleine Heimat bauen.

Ich vertrete die Auffassung, dass Heimat ein fiktives Gefühl ist, aber dass Menschen nach realen Gefühlen streben.

Auf der Flucht waren meine Gedanken permanent bei meiner Familie, die leider das Gefühl der Heimat verloren haben. In einem Land zu leben, das ständig bombardiert wird, dir keine Perspektiven anbietet, bedeutet, dass dieses fiktive Gefühl gelöscht wird, und stattdessen erhältst du das Gefühl der bitteren Realität. Der Realität der Machtlosigkeit und der ständigen Angst. Meine Familie muss damit leben.

Ich wollte meinen Wunsch wahr werden lassen, wollte, dass meine Familie dieses Gefühl hier in Deutschland wieder bekäme. Das war tatsächlich mein erster Wunsch an Deutschland.

Doch dieser Wunsch ist schnell in meinem Inneren explodiert, als mir das Recht auf Familienzusammenführung genommen worden ist.

Die Realität ist nun Leben ohne Familiengefühl, das doch jedem Menschen sehr viel bedeutet. Erst recht einem geflüchteten Kind.

Doch das erwachsene Kind in mir gab mir Halt und Mut den Weg zu gehen, der mir vorgeschrieben war, nämlich den nächsten Schritt ohne meine Eltern zu wagen.

Das Ankommen fiel mir ziemlich leicht. Das menschliche Miteinander fühlte sich gut an und ich spürte noch keinen Hass von Rechts. Es hat auch dazu beigetragen, dass ich die deutsche Sprache ziemlich schnell gelernt habe.

Meine schulischen Wünsche, bzw. meine beruflichen, konnten sich halbwegs erfüllen.

Denn mir war es sehr wichtig, die Hochschulreife mit besten Noten zu schaffen. Ich war in Syrien einer der besten Schüler in meiner Klasse, das wollte ich auch in Deutschland schaffen. Schließlich konnte ich 2020 mein Abitur auf dem Schalker Gymnasium ablegen. Nun studiere ich Wirtschaftsrecht und meinen beruflichen Wünschen sind keine Grenzen gesetzt.

Stellst du Unterschiede in Tradition und Kultur an Deutschland fest?

Mohamad: Viele Menschen denken, dass die orientalische Kultur mit der westlichen Kultur gar nicht in Einklang gebracht werden kann. Mir persönlich fiel es meistens leicht eine Mischung heraus zu zaubern, wo ich mich wohl fühlen konnte. Das Thema Essen war für mich immer ein zentrales, und das syrische Essen konnte sich mehr und mehr in die deutsche Küche etablieren.

Hervorragend fand ich es immer, als meine Schulfreunde oder Bekannten Weihnachten gefeiert haben. Die Atmosphäre ist mir mittlerweile bekannt und vertraut. Zwar hat Weihnachten einen westlich geprägten Stil, jedoch die Hintergründe ähneln stark dem Ramadan oder dem Zuckerfest: Die Familie trifft sich. Es wird zusammen gegessen, es wird geschmückt und Geschenke werden verteilt. Das Zusammensein ist das wichtigste dabei und das habe ich immer geliebt.

Was ich nicht gut finde, und wobei ich möglicherweise Kritik ernten werde, ist die Tatsache, dass Alkoholkonsum in der „westlichen Welt" so weit verbreitet und etabliert ist – insbesondere bei Festen und Feiern. Durch meine ehrenamtliche Tätigkeit im Bereich Obdachlosigkeit habe ich viele Menschen getroffen, die ihr ganzes Leben zerstört haben, aufgrund dieser Sucht.

Besonders lustig und teils interessant zugleich finde ich die deutsche Ironie, vor allem in Bezug auf Politik: Dass man z.B. Politiker so krass auf den Arm nehmen kann, sie mit ihrer Widersprüchlichkeit konfrontieren darf und sie im Fernsehen bloßstellt, ist der Hammer. Ich finde diese Offenheit sehr schätzenswert, aber im orientalischen Raum wäre sowas undenkbar.

Ebenfalls interessant finde ich die Art und Weise, wie die Deutschen sich artikulieren. Ich durfte Leute kennenlernen, die Romane aufgezählt haben, Zitate hergesagt haben – aus der Bibel, aus dem Grundgesetz, und von Goethe. Oder berühmte Sätze des ersten deutschen Kanzlers – nur um dich zu beeindrucken und um ihr Wissen herauszustellen – und ohne dass inhaltlich etwas Neues erzählt wurde.

Deutschland hat mich in Punkto „Sicherheit" immer ins Staunen gebracht. In diesem Land wird alles vom TÜV überprüft und versiegelt, sogar manche Stühle im Park. Ich muss immer daran denken, als ich eines Tages das Wort „eichen" gelernt habe. Ich war an der Tankstelle und habe das Wort gelesen und musste schnell googeln, und mein

TÜV-Stempel war Gott sei Dank noch bis 2023 gültig. Ärgerlich war jedoch der Weg zum Führerschein. Es kostet einfach so viel, dass ich meine ganzen Ersparnisse hingeben und obendrein noch Schulden machen musste, bis ich dieses Prachtstück endlich besitzen durfte.

Bist du religiös?

Mohamad: Ich bin in Bezug auf das Thema Religion ein zurückhaltender Mensch und gebe zu, dass mein Wissen diesbezüglich sehr gering ist. Doch meine Einstellung zum Islam in Bezug auf die islamische Tradition hat sich nicht viel verändert. Ich faste den Monat Ramadan und schätze es sehr, diesen Fasten-Monat meinem Leben zu widmen. Ich finde diesen Monat sehr wichtig, für jeden Moslem, da es im Kern um eine innere Wiederherstellung, um Geduld, Geborgenheit, um Zusammenleben aller Menschen geht. Egal wer was ist. Die Menschen teilen das Essen, essen zusammen und vergessen dabei ihre Rolle in ihrem Leben. Und einigen sich, dabei gleich zu sein. Ähnliches empfinde ich in der christlichen Religions-Kultur, in Bezug auf Weihnachten.
Bis jetzt habe ich noch keinen Fall erlebt, wo ich mich eingeschränkt oder ausgegrenzt gefühlt habe, nur weil ich Moslem bin. Im Grunde darf ich meine Religion so ausleben, wie ich es will. Doch manche Sachen fehlen mir hier trotzdem, wie zum Beispiel der Gebetsruf. Die Ruhe, wenn das Fastenbrechen beginnt, oder die Atmosphäre beim Zuckerfest. Und leider bekomme ich immer mehr mit, dass viele muslimische Frauen aufgrund ihres Kopftuchs weniger Chancen auf einen Job haben. Manche Muslime bekommen auch Absagen, weil sie einen längeren Bart haben. Das sind Vorurteile, die bei längerer persönlicher Bekanntschaft wohl auch schnell verschwinden könnten.

Was sind deine Gedanken zu Familie, Freundschaft und Liebe?

Mohamad: Familie ist die wichtigste, die sicherste und die verständnisvollste „menschliche Höhle" auf der ganzen Welt. Wo ich immer wieder einkehren kann, wenn ich Schutz brauche, wenn ich ein offenes Ohr benötige. Familie ist für mich eine „positive lebenslängliche Haft", aus der niemand rausgehen mag, bzw. kann. Und wohin sich jeder freiwillig und gern hineinbegibt.
Freundschaft ist eine Kurve mit Tiefen und Höhepunkten. Insbesondere in Bezug auf die Dauer der Freundschaft.
Als Kind hat man viele Freunde, aus der Schule, vom Fußballverein, vom Tanzkurs. Doch je älter man wird, merkt man, dass sich der Begriff Freundschaft verändert und aus der bedingungslosen Freundschaft, eine Beziehung entsteht, die von wechselseitigen Interessen geprägt ist und sich derart entwickeln kann, dass die Freundschaft manchmal

verschwindet, weil gemeinsame Interessen nicht mehr im Mittelpunkt stehen. Natürlich kann man auch Freunde finden, die einem das ganze Leben begleiten, diese sind aber eher selten zu finden. Wird man richtig alt, dann bekommt man wieder Freunde. Ja, so sehe ich das.

Liebe ist das Schönste, was einem passieren kann. Liebe ist eine Mischung aus allem, was jeder Mensch braucht. Liebe ist das sichere Haus, das jeder sich wünscht. Das warme Haus, wo jeder in Geborgenheit einschlafen kann. Liebe ist eine wahre Freundschaft und Familie zusammen. Liebe ist immer für die eine Person, für die du alles tun würdest, um sie nicht zu verlieren.

Wie stellst du dir deine Zukunft vor?

Mohamad: In den nächsten fünf bis zehn Jahren möchte ich eine kulturelle Brücke bauen. Ich möchte den Menschen in Deutschland ermöglichen, mehr über Syrien zu erfahren. Ich will mich in den kommenden Jahren für das Abbauen von Vorurteilen einsetzen. Ich möchte mich engagieren, das menschliche, soziale und kulturelle Zusammenleben zu stärken. Ich will mein Leben als Lehrbuch darstellen für andere Kinder, die vielleicht ein ähnliches Schicksal haben wie ich, sodass sie aus meinem Leben und aus meinen Erfahrungen lernen können. Es soll sie motivieren.

Mohammad H.

Hast du Träume und Ziele?

Mohammad: Träume, Chancen und neue Freunde kennenlernen, sind immer für mich ein Thema gewesen, als ich meine Augen in die Welt aufgemacht habe. In meinem Heimatland hatte ich damals als Kind schon mehrere Ziele im Kopf. Das größte wäre, an einer Universität das studieren zu können, was meinem Wunsch entspricht. Als ich hier angekommen bin, habe ich nach einem neuen Leben, einem neuen Anfang, einer neuen Chance gesucht. Meine Träume, die ich mir schon als Kind in meinem Heimatland in meinen Kopf gesetzt habe, habe ich hier verwirklichen können. Ich studiere, was ich mag und tue, was ich mag! Hier habe ich gelernt und studiert, und später werde ich in meinem Beruf arbeiten. Und wenn alles nach meinem Wunsch geht, werde ich hier auch eine Familie gründen. Ich bin in meinem Heimatland geboren, und hier bin ich mit neuen Chancen und mit neuen Zielen und Träumen wieder geboren.

„Zeit ist Gold wert". Das Beste, was ich hier erlebt habe, ist Pünktlichkeit. Alles ist mit Terminen verbunden. Man kann seinen Tag viel besser organisieren und mehrere Aufgaben am Tag erledigen. Man lebt hier und lernt vielfältige Kulturen kennen. Ich finde, dass ein solches Leben total praktisch ist. Aber wegen der Arbeit oder dem Studium hat man kaum Zeit fürs Treffen mit Freunden.
Noch was: Das Leben hier in Deutschland hat meinen Glauben gar nicht beeinflusst. „Leben und leben lassen". Jeder glaubt an was er glauben möchte. Hauptsache, dass wir uns gegenseitig respektieren. Wir sind alle Menschen. Wir sind alle auf Augenhöhe, wir sind alle gleich.
In fünf Jahren werde ich weiterhin hier sein. Bis dahin werde ich mit dem Master fertig sein. Neue und gute Freunde kennenlernen, dass macht mein Leben viel schöner und einfacher. Das wünsche ich mir.

Wagd

„Ich bin vor dem Syrienkrieg geflüchtet und nach Deutschland gekommen, um eine Familie zu gründen. Eine Familie, die in Sicherheit leben kann und mit Voraussetzungen zu einem dauerhaft sicheren Leben.

Natürlich habe ich Träume im Zusammenhang mit Studium und Karriere, aber was für mich am wichtigsten ist, das ist die Familie.

Als junge Frau, die fortschrittlich nach vorn schaut, habe ich vieles beobachtet, was Traditionen und Gepflogenheiten in Deutschland betrifft: Mir gefällt zum Beispiel, wie die Deutschen ihre Freizeit verbringen. Sie versuchen immer etwas Neues zu erleben, reisen viel und feiern zu jedem Anlass.

Dagegen empfinde ich die Familienbeziehungen der Deutschen, so wie ich sie bisher beobachtet habe, als eher schwach ausgeprägt. Verglichen mit den familiären Beziehungen und kulturellen Traditionen unserer Gesellschaft, die ich fester verankert ansehe.

Als muslimische Frau, die Kopftuch trägt, übe ich hier meine Religion ohne Einschränkung aus.

Obwohl ich Kopftuch trage, arbeite und lerne ich und habe Kontakt mit Deutschen, die mich respektieren.

Derzeit sehe ich mich mit bisher ausreichenden Erfahrungen ausgestattet, die ich meiner Familie schon jetzt weiter geben kann."

Yussra

Für mich waren meine Wünsche und Ziele, als ich es nach Deutschland geschafft hatte, dass ich in Freiheit leben kann und Gleichberechtigung spüre. Und das wurde auch erfüllt, mit der Einschränkung von gewissen Diskriminierungen, die ich immer wieder mal zu spüren bekomme. Ein weiterer Wunsch ist es, Menschen kennenzulernen, die mir nah sind, oder ähnlich und die mich so akzeptieren wie ich bin.

Die westliche Welt erkannte ich schon mit großem Unterschied zu der unsrigen, aber ich finde es sehr begrüßenswert, dass ich jetzt beide Kulturen und Traditionen kennenlernen durfte und diese auch leben und ausführen kann. Das Beste aus beiden zu erkennen ist ein Gewinn.

Wir haben in Syrien vor dem Krieg immer auch mit den Christen unserer Heimat in Frieden zusammengelebt. Es war für uns immer sehr wichtig, ein friedliches Zusammenleben. Wir haben die Festtage der Christen mitgefeiert und sie haben unsere mitgefeiert. So gab es keine Probleme zwischen unseren verschiedenen Religionen. Mir fehlt das schöne Gefühl der großen Rituale und die gemeinsamen Religionsausübungen, besonders an den Feiertagen.

Für mich ist es eine große Herausforderung, hier in Deutschland Freunde zu finden, oder die Liebe für jemanden. Ich finde das sehr wertvoll. Mir fehlt auch die Möglichkeit meiner Familie schützend nah zu sein.

Ich glaube nicht, dass ich nach Syrien zurückkehren werde, außer zu Besuchen, denn ich habe jetzt hier mein Leben von Grund auf noch einmal aufgebaut. Ich hoffe noch viele Erfahrungen und Fortschritte zu machen, damit ich noch weitere neue Perspektiven für mich entdecke. Und so hoffe ich beruflich und gesellschaftlich in diesem Land etwas Positives bewirken zu können.